Coleção

Biblioteca do Maçom

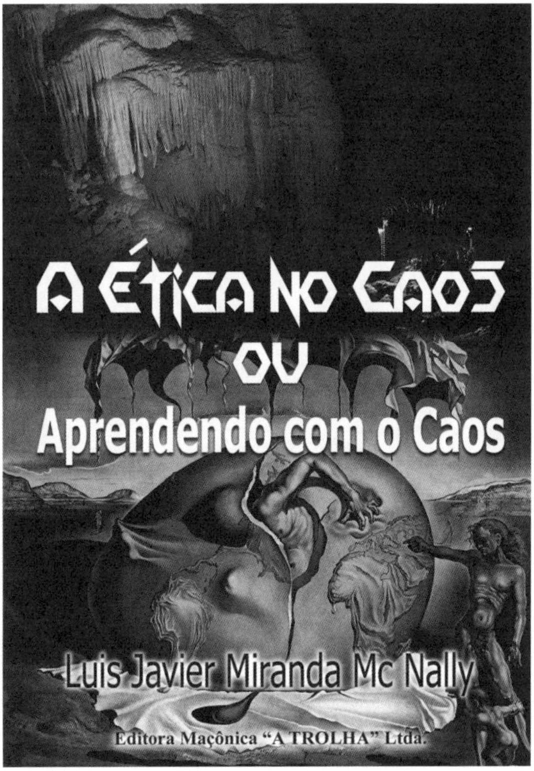

EDITORA MAÇÔNICA
A TROLHA

LUIS JAVIER MIRANDA MC NALLY

A ÉTICA NO CAOS
OU
Aprendendo com o Caos

Editora Maçônica "A TROLHA" Ltda.
Av. JK, 1.635 – sala 2 – Fone (43) 3337-1982 – Fax (43) 3326-0915
Cx. Postal 238 – CEP 86001-970 – Londrina – PR

Londrina, outubro de 2009

EDITORA MAÇÔNICA "A TROLHA" LTDA.
Av. JK, 1.635 – sala 2 – Centro
86020-000 – Londrina – PR
Cx. Postal 238 – CEP 86001-970
Fone (43) **3337-1982** – Fax (43) **3326-0915**
Site: www.atrolha.com.br
E-mail: redacao@atrolha.com.br

Coordenação Geral:
Conselho Editorial

1ª Edição:
2009

Tiragem:
1.750 exemplares

Projeto Gráfico e Diagramação:
Maristela Meneghetti

Capa:
Maristela Meneghetti

Revisão:
Virgínia Cristina Audi Ayres

Impressão e acabamento:
Idealiza Gráfica e Editora

Obediência: *Grande Oriente do Paraná*

Livro revisado de acordo com o Dicionário da
ABL – Academia Brasileira de Letras

DADOS INTERNACIONAIS DE CATALOGAÇÃO NA PUBLICAÇÃO (CIP-BRASIL)
CATALOGAÇÃO NA FONTE

M478e Mc Nally, Luis Javier Miranda.
A ética no caos ou aprendendo com o caos / Luis Javier Miranda Mc Nally. – 1ª ed.
– Londrina: Ed. Maçônica "A TROLHA", 2009.
176p.: il.; 14,21 cm. – (Coleção Biblioteca do Maçom).

ISBN: 978-85-7252-271-7

1. Filosofia da natureza. 2. Ciência – Filosofia. 3. Cosmologia. I. Mc Nally, Luis Javier Miranda. II. Título. III. Série.

CDD 113
CDU 113

Índices para Catálogo Sistemático:

1. Filosofia da natureza
   113 (CDU)
2. Ciência – Filosofia
   113 (CDU)
3. Cosmologia
   113 (CDU)

AGRADECIMENTO

Quero externar meus agradecimentos à minha querida amiga Liane Terezinha Simonatto, sem a qual teria sido difícil concluir esta obra, sem sua ajuda crítica e revisora no texto da obra bem como a revisão bibliográfca da mesma.

No princípio era o Verbo,
E o Verbo estava com Deus,
E o Verbo era Deus
Ele estava no princípio com Deus.
Todas as coisas foram feitas por Ele,
Nele estava a vida,
E a vida era a luz dos homens.
A luz resplandece nas trevas,
E as trevas não a compreenderam.
João, Capítulo 1 Vers. 1-5

SUMÁRIO

APRESENTAÇÃO

Você deve estar se perguntando: o que exatamente significa isso ou, o que isso tem a ver com Maçonaria?

E o autor Mc Nally lhe surpreenderá com um texto diferente que não fala em Maçonaria, mas que é pura Maçonaria. Ele tem nos contemplado com um modo diferente de ver e escrever sobre a Ordem. Ele não utiliza termos nem Símbolos, como então ele pode ser considerado um autor de livros maçônicos?

É justamente essa diferente forma de pensar que o transformou num dos autores mais lidos, os seus livros sempre são procurados e dificilmente alguém o questiona por não se referir diretamente à história, mas sim à física e à matemática.

Ele nos surpreende sempre por utilizar parâmetros diferentes, mas compreensíveis, muito embora não sejam utilizados pela maioria dos autores. A física quântica não é nova, porém sempre amplia o conhecimento de quem lê e transforma o que nos rodeia em pura energia.

A diversificação da matéria e consequentemente a forma que a compreendemos, é o que torna este livro bem interessante, trazer a Teoria do Caos para dentro da Ordem Maçônica é um feito e tanto.

"Ordo ab Chao, a Ordem saída do Caos", isto é Maçonaria e, por conseguinte, física, pura física.

Os Editores
Londrina, outubro de 2009.

PRÓLOGO

Quando nos afastamos das normas preestabelecidas, provocamos um desequilíbrio em nosso inter-relacionamento, encontramos à nossa frente um distúrbio para o qual não estamos preparados para lidar, nos sujeitando às penalidades que acarretam tal desvio, formamos dentro de nosso meio um distúrbio que pode ser: social, religioso, genético, geográfico, ecológico, climático, que genericamente o designamos de caos, quando toma grandes proporções, mas quando estas proporções são de menor escala, chamamos o caos de distúrbio.

Tanto o caos como o distúrbio, ou outras palavras para designá-lo – cataclismo, colapso – não são nada mais do que graus diversos de caos, apenas usamos outras palavras, para que nossa mente possa diferenciar o grau de comprometimento em que muitas vezes tratamos de medir: entropia (outra palavra) quando medimos o grau de distúrbio de um sistema e assim termos uma abrangência da dimensão à qual nos estamos referindo. Assim também usamos as palavras grande e maior para designar algo que é menor, do que é "bem maior".

Em outras palavras, seguimos o caminho de uma

harmonia social na qual todos devem estar inseridos, e para que funcione tal harmonia temos leis que nos impõem condutas, da maneira correta de como agir, exercendo uma função coercitiva, com penalidades se infringidas; valores que nos ditam a moral que devemos ter; respeito às instituições por intermédio de sua própria ética[apêndice] de conduta; enaltecendo quem nela se enquadra, repudiando quem delas se afasta; por sua vez criamos o prêmio e o castigo, o primeiro glorifica aqueles, o segundo, pune a quem deles se afasta do estabelecido pela sociedade.

Desde a antiguidade temos relatos por intermédio da história, do que tudo que fazemos, o fazemos para obter um equilíbrio social ou particular. A natureza nos ensina que tudo deve estar em equilíbrio. Sendo este equilíbrio uma constante harmônica, sempre foi assim, sempre assim será.

Quando começamos a pensar nessa harmonia que seguimos de maneira constante, e nos aprofundamos cada vez mais nesse momento harmônico, não necessitamos ir longe para saber que para existir harmonia, um preço tem que ser pago, ou seja, a desarmonia se fez presente antes do equilíbrio ser visto.

Nós estamos em constante evolução, e para que isso ocorra, algo tem que ser destruído, reformado, criado; para podermos ter o equilíbrio, esse algo que precede a formação harmônica vem a ser o caos.

Vejamos de onde provém essa palavra caos. Essa palavra, *cháos*, foi-nos legada pelos gregos com um significado de abismo incomensurável. Evoluindo mais tarde para designar a matéria existente no espaço infinito antes da formação do universo de maneira ordenada, atualmente a utilizamos com significado de desordem, confusão, e outros adjetivos como acima vimos. Nas mitologias e cosmogonias pré-filosóficas, vazio obscuro e ilimitado que precede e propicia a geração do mundo; abismo[1].

Nossa mente tem muita dificuldade em trabalhar com o que chamamos de caos, talvez porque a harmonia seja a forma pela qual o cosmo e a natureza estejam em constante equilíbrio, mas este equilíbrio não é estático. Para haver equilíbrio obrigatoriamente tem que existir o desequilíbrio, uma forma de desordem, uma forma de caos; quando este se instala, a natureza faz sua parte tratando de equilibrar o que saiu de harmonia, mantendo assim uma constante harmônica.

Todo isso também se passa em nosso corpo, se na atmosfera existir muito frio, por exemplo, as mudanças no corpo por intermédio de reações, físico-químicas se impõem, para manter o equilíbrio de uma temperatura adequada para o funcionamento de nossos órgãos, utilizando mais de nossos substratos de reservas: carboidratos, gordura, para poder manter em funcionamento nossa máquina corpórea e assim permitir que nossa temperatura entre nos limites fisiológicos para seu perfeito funcionamento.

Quando a desordem de um sistema se instala, a regulação imediatamente se faz necessária para manter os níveis adequados de funcionamento. É a lei natural da vida, posto que quando isto desaparece, quando não existe mais esse "diálogo" da sobrevivência, a morte é inevitável.

A desintegração física da morte gera uma desordem da estrutura sem vida. Acreditamos momentaneamente na imobilidade do ser que aparentemente está estático, mas se formos procurar um pouco além, veremos que esse ser está em movimento, está livrando-se das estruturas que antes o compunham, formando mais tarde uma massa fétida em decomposição, mas ao mesmo tempo ordenando o resultado da desordem decorrente da inércia, em uma ordem programada de desintegração molecular, que mais tarde irá integrar outros corpos em formação com os átomos que se afastam do corpo antes vivo.

Isto se dá em qualquer campo em que o ser vivo está interligado, seja ele: genético, social, físico, químico, meteorológico ou mesmo transcendente.

Desde que nascemos temos que seguir padrões permanentes, sejam eles decorrentes de uma questão social, história de nossos progenitores, classe social em que nos achamos inseridos, religião, crenças, decorrente de princípios e estes de valores enraizados em nosso ambiente.

Nossa evolução continua através da escola; no maternal, por exemplo, começamos uma disciplina de respeito para com as outras crianças, a palavra NÃO começa a colar-se em nossa memória, designando aquilo que não podemos fazer e, até, o que não devemos pensar.

Nosso caráter (inerente à pessoa) começa a ser modificado, sem o perceber; nossa personalidade (conduta, comportamento, individualidade moral) vai tomando forma na adaptação social para a qual estamos sendo moldados; pode-se dizer, usando uma palavra de nossos dias, que estamos sendo robotizados, para podermos estar inseridos numa sociedade ordenada, para evitar o conflito e desta maneira a desordem.

À medida que prosseguimos como seres em formação

físico-social, uma nova forma de ensinamento passa a tomar conta de nossa mente. Por sermos seres também espirituais, inculcando a nossos progenitores e à sociedade aquilo que querem que sejamos, ou seja, continuando nossa robotização, é uma maneira de seguir os ditames de uma sociedade que acredita firmemente que tem que ser dessa maneira.

O ensinamento do que é moral começa com os princípios de religiosidade, ensinada por nossos pais, que muitas vezes transferem tal ensinamento a quem "entende do assunto": o padre, na religião católica por intermédio da catequese; o pastor evangélico, nas outras religiões cristãs; as escolas hawza (para os xiitas) na religião muçulmana; por nossos pais não suportarem ou conseguirem explicar as perguntas inevitáveis da transcendência pela qual estamos todos inseridos, na questão da morte, céu e inferno.

Quando conseguimos nos aventurar na questão da transcendência, a explicação não vem como resposta através da razão, nos impondo uma vez mais o NÃO: não podemos pensar de outra maneira, tem que ser assim. Perguntamos: por quê? A resposta está pronta: porque assim está determinado, assim Deus o quer, é assim que tem que ser, ou seja, nos imputam o dogma, continuando nossa robotização, nos impondo uma estupidez sem precedentes, porque simplesmente temos que aceitar a ignorância, a falta de conhecimento, se antepondo à razão.

Quando não compreendemos as coisas que em nosso dia a dia acontecem, nos impomos o sobrenatural, e damos responsabilidade a alguém que se especializa no assunto da transcendência, colocando alegorias que nos agradam, como o viver no paraíso de um certo Adão e Eva, mas ao mesmo tempo nos impõe o amargor da desobediência, colocando nesse terreno um Deus injusto, severo e sem benevolência, sem senso de justiça, um Deus tirano, déspota.

Desta maneira nascem as lendas, os mitos, e junto com elas as alegorias, os ritos, para poder melhor servir o transcendente.

Uma forma interessante de organização padronizada sem dúvida é nossa herança genética, posto que ela se dá de maneira regular na sua anatomia helicoidal de dupla hélice, onde estão inseridos os 4 aminoácidos que em sua combinação ordenada formarão um novo ser. Se por algum motivo, essa sequência de aminoácidos sair errática, teremos o que chamamos de mutação gênica.

Tais mutações podem ser decorrentes de uma má preservação do meio ambiente, como a irradiação nuclear, por exemplo, e portanto provocada pelo homem, observando os efeitos *a posteriori*; como pode também estar relacionada a uma melhor adaptação de uma determinada espécie para com o meio em que se encontra, dando-se de forma natural. O ser vivo muda sua forma para adaptar-se ao meio, ou mesmo na manipulação genética, quando o homem interfere diretamente no gene, como o faz a engenharia genética.

No primeiro caso (a nuclear), temos uma situação aguda, descontrolada, e o que observamos é uma malignidade na evolução posterior; já no segundo caso (a natural), é uma situação que acontece de maneira lenta como se a natureza "tentasse" encontrar a melhor adaptação para sua sobrevivência; no terceiro caso (manipulada pelo homem), temos a intervenção física por intermédio da ciência para melhoramento (quando bem-intencionado) da espécie.

Em todas essas formas apresentadas podemos dizer que: em nosso primeiro exemplo não há tempo de adaptação, no segundo exemplo procurando uma melhor adaptação ao meio e, por último, quando manipulada pelo homem, a intervenção da inteligência humana através do controle laboratorial.

Qual o resultado disso? Para entender melhor tais situações, vejamos o que ocorre em nosso primeiro caso. Quando a radiação atômica está presente sem controle, podemos citar a bomba atômica explodindo por cima das cidades japonesas na segunda grande guerra em Hiroshima e logo depois Nagasaki. Hoje ainda ocorrem malformações genéticas decorrentes de tal ato, diga-se o mesmo de Chernobil na Rússia, o acidente nuclear que ocorreu nesse país no dia 26 de abril de 1986. Não podemos também culpar a radioatividade como uma coisa má, não esqueçamos que ela é usada na medicina para beneficiar no tratamento de doenças, como o câncer, sendo usada de maneira equilibrada dosando-se bem a radiação.

Em nosso segundo exemplo, quando a natureza procura adaptação para sua sobrevivência, é uma maneira natural nas mudanças observadas, podemos pensar que nesta circunstância não haveria caos, mas há. Na própria formação de adaptação, podem surgir erros indesejáveis, que passam de geração a geração, criando assim outras qualidades não desejáveis na formação de um novo ser. Inúmeros erros genéticos também podem ser observados em nossa sociedade.

Citando apenas um: o mongolismo, provocado por um defeito genético no cromossoma 21.

Por último, quando a ciência entra nos dias de hoje para "brincar" com a genética do ser vivo em laboratórios, infelizmente uma boa parte dos cientistas se fecha a sete chaves. Quando vem a público o resultado deste trabalho, a pergunta inevitável é: quanto foi perdido para chegar a esse resultado? O problema deste nosso último caso está em que o cientista pode usar tal conclusão genética também para o mal, como tantos e tantos exemplos temos na história, quando a vaidade, o egoísmo se tornam aliados da irresponsabilidade inconsequente.

Em nossos três exemplos podemos observar que sempre o caos está presente e, embora queiramos fazer algo de bom, o outro lado da moeda também se faz presente e o que preocupa é esse outro lado.

Valendo-se do conhecimento da forma de como se dá o resultado genético nos dias de hoje, a manipulação gênica é uma realidade científica, os engenheiros geneticistas trabalham para aumentar a produtividade (lucros), buscando novas formas de plantas mais resistentes para a seca, ou para evitar perdas no ataque de microorganismos daninhos, trabalham na forma de modificação na ou da inserção desses aminoácidos, ajudando a formar um ser vivo com outras características, que não eram inerentes às que possuíam, fazendo parte de um novo ser inserido no velho ambiente existente na transformação manipulada, com uma nova denominação em nosso dicionário gramatical: transgênicos.

De certa forma podemos dizer que aqui também existe um caos formado, que, todavia, parece não criar um desequilíbrio em um microssistema de biodiversidade. Quando a manipulação se dá de maneira programada, também não nos dá o direito de dizer que tal transformação não poderá trazer repercussão *a posteriori*, que com os conhecimentos que hoje possuímos não possamos identificar.

Não esquecendo a questão mais complexa, o clone, passando todas as características genéticas idênticas de um ser para outro que deverá ser igual ao ser precedente, esta manipulação acarreta não só uma desordem local, mas também social e, por que não dizer religioso, com a inevitável pergunta: a alma também poderá ser clonada?

Esta desordem-ordenada (por não fazer parte do complexo inerente do que era, impondo novos paradigmas através da manipulação genética), é uma maneira de intervir no que poderia dar como resultado um caos no futuro de uma determinada sociedade.

Isto é, intervimos agora para tornar mais resistente uma semente contra a seca, e assim ter produção satisfatória no futuro evitando a fome e, com isto, evitando o caos que se instala em decorrência dessa falta de alimento, ou seja, intervimos agora para minimizar problemas mais tarde, a que preço?

O caos não está na grande maioria das vezes nesse raciocínio lógico de uma desordem sem explicação, quando perde sua integridade inerente decorrente de um fenômeno que o perturbou; quando ele aparece, apenas observamos sua consequência, mas também na maioria das vezes sabemos por que ocorreu, sempre que rasteamos sua história.

Na medida em que nossas ideias se ampliam, outros exemplos irão fazer parte de nossa desordem.

Mas não tomemos também o caos como alguma coisa imprestável, temos que ver a questão do caos como algo bom e interessante, porque é através dele que quando a desordem se faz presente, inevitavelmente a ordem começa e assim temos mudanças estruturais e comportamentais, quando inseridos em um ambiente social, genético, cósmico ou da própria natureza que vemos a nosso derredor.

As grandes revoluções sociais são necessárias para nos ensinar que muitas vezes o radicalismo que gera o caos tem que estar presente para que ocorra um novo paradigma e obter as mudanças necessárias. É desse caos de transformação aguda na sociedade que novos conceitos e normas se formam para uma nova estrutura social. Nesses conflitos é que se obtém resultados a longo prazo. Podemos aqui citar o que ocorreu na França em 1789, onde a insatisfação social gerou uma revolução que não só mudou a França como também um novo conceito de estruturação social a nível global.

Essa revolução é exemplo de uma grande desordem estabelecida de maneira regional, ao se instalar um caos imenso, contra a opressão oligárquica reinante. O resultado final dessa desordem foi aproveitado pelo resto da humanidade; quanto à legitimidade cidadã, infelizmente o preço a ser pago foi muito alto.

Porém, desse caos surgiram os benefícios que hoje desfrutamos, quais sejam: o reforço na questão democrática, a Declaração do Direito do Homem e do Cidadão, o ensino estritamente secular, graças à luta do pedagogo La Chalotais, entre outros, assim como Jean-Jacques Rousseau, em seu ensaio pedagógico Emilio[2].

Quantas vezes aplicamos algo, como uma medicação por exemplo, para causar uma determinada ação e nos deparamos com efeitos indesejáveis. O distúrbio gerado por esse efeito colateral pode ser usado para outro tipo de mal. Isso ocorre com relativa frequência com qualquer medicamento que usemos, e muitas vezes a medicina se vale desses efeitos indesejáveis, para atingir a melhora de outros males. Partindo de um distúrbio que não queríamos causado pela medicação, para harmonizar outro mal decorrente do caos causado por esse efeito colateral.

Nosso processo evolutivo está sempre ocupado com a questão desordem, morte que gera o caos. A cada destruição vem uma regeneração; estrelas são criadas a partir da poeira de outras; para que uma árvore seja forte, dê melhores frutos ou embeleze com suas flores, a poda da mesma é importante, para renascer bela e com mais galhos; muitas espécies desaparecem, para mais tarde dar lugar a outras, como o acontecido há 65 milhões de anos, no desaparecimento dos dinossauros causado pela queda de um asteroide no golfo de México. Segundo os cientistas, se isto não tivesse acontecido os mamíferos talvez não existissem.

Existe portanto uma aparente organização atrás do que vemos como desordem. Podemos dizer usando as palavras do matemático James York: "*Uma desordem ordenada, existindo uma ordem na desordem*".

Façamos um aparte e tratemos de compreender o que nos ensina a quem se atribui a Teoria do Caos.

TEORIA DO CAOS

Foi na década de 60 do século XX, que o cientista, professor e meteorologista do Instituto Tecnológico de Massachusetts, Edward Lorenz, querendo ter uma previsibilidade do tempo, testando um programa de computador que simulava os movimentos das massas de ar, inventou 12 equações matemáticas que alimentavam de dados os computadores para melhor prever as condições atmosféricas.

Deu-se conta que ao introduzir variáveis matemáticas por pequenas que fossem em suas equações, o resultado da previsão do tempo para os dois dias subsequentes não eram de muita significância, mas quando essa previsão era extrapolada para algumas semanas ou meses, as diferenças eram tremendas. Lorenz chamou este efeito de "efeito borboleta", como uma questão de previsibilidade: "pode o bater de asas de uma borboleta no Brasil causar um tornado no Texas?"[3] (figura 1). Quem sabe Lorenz se inspirara no naturalista americano John Muir (1838-1914), pai dos parques nacionais americanos, chamado também de "Cidadão do Universo", quando de suas palavras: "*Cada vez que tocamos algo na natureza causamos reverberações no resto do universo*".

Figura 1

Com o passar do tempo os estudos continuaram com outros cientistas, concluindo que a mesma imprevisibilidade aparece em quase tudo que nos acompanha, desde o piscar dos olhos, secas ou enchentes, até a previsão na Bolsa de Valores.

Um exemplo do “efeito borboleta”, para melhor entender seu significado, está na previsão do tempo que houve em fevereiro de 1998, no diagnóstico de uma tempestade tropical em Louisiana, Estados Unidos, que iria ocorrer em três dias. Ao mesmo tempo um outro meteorologista no oceano pacífico, pertencente à mesma agência, descobre que na previsão existe um pequeno erro nas medições que poderia prever outra coisa, como o deslocamento de uma massa de ar de maior velocidade no estado do Alaska.

Por causa dessa diferença e realimentando os computadores com as novas variáveis, nova previsão apareceu, o sistema computadorizado com as novas variáveis inseridas previu que não haveria a tal tempestade em Louisiana e sim um tornado gigantesco em Orlando, Flórida, vindo-se a confirmar três dias mais tarde.

Com a descoberta dos fractais (figura 2) pelo cientista Benoit Mandelbrot na década de 70 do século passado, que são figuras geradas por fórmulas matemáticas que retratam a geometria da terra, veio dar um grande impulso à Teoria do Caos, por serem coincidentes os modelos usados por Mandelbrot, dos que eram usados por Lorenz.

Mas o que são os fractais? O próprio Mandelbrot definiu *fractal* como "um sistema organizado para o qual a dimensão de Hausdorff-Besicovitch excede estritamente a dimensão topológica (número inteiro que caracteriza a geometria de um objeto euclidiano – por exemplo: zero para um ponto, um para uma linha, etc.), onde fractais cujas estruturas sejam ego-semelhantes, ou a dimensão de Hausdorff é igual a dimensão de Minkowski-Bouligand[4].

Entenderam? A própria definição, para quem não está acostumado ao jargão na linguagem da física e ou matemática, já é um caos.

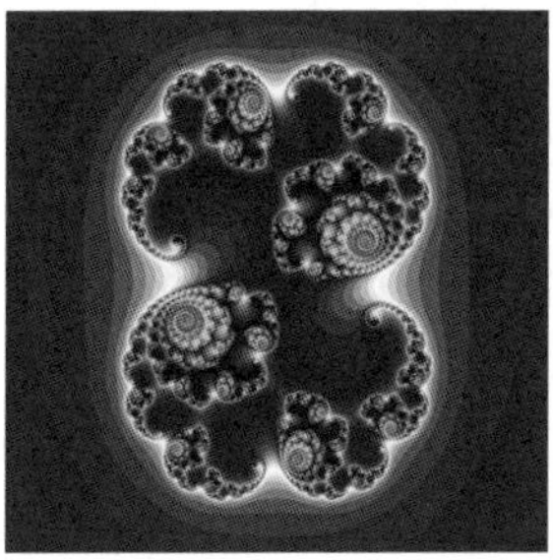

Fractal *Julia Set*
Figura 2

Não há uma maneira adequada para sua definição em termos de uma linguagem ordinária, mas se observarmos um fractal natural como exemplo: o brócolis (figura 3), observamos que esta leguminosa é composta por inúmeras formas parecidas, a partir de um ponto com múltiplas ramificações semelhantes. São objetos que não podem ser traduzidos pela geometria tradicional, a geometria euclidiana.

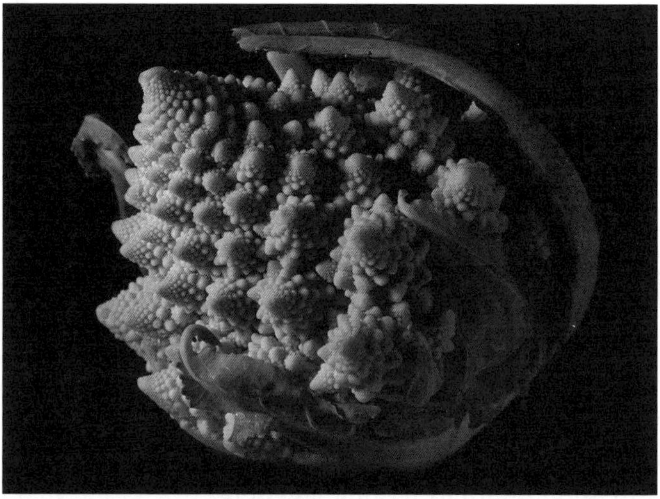

Brócolis. Fractal natural
Figura 3

Esta união matemática com a experimentação, deu respostas a muitas coisas que antes não havia, como por exemplo, a previsão do clima ou simplesmente o gotejamento de uma torneira.

Um outro exemplo de caos: imaginem que temos algumas bolas de gude em nossas mãos e as jogamos no chão, não temos condições de saber em que formação cairão; se repetirmos o processo, de igual forma (as bolas de gude com a mesma face, a mesma altura da queda, em um quarto fechado para evitar o fator vento, enfim de igual modo), elas cairiam sempre de maneira diferente, sem previsibilidade.

Quantas vezes vimos um raio iluminar a noite de tempestade, quem poderá dizer que viu o mesmo raio da mesma forma e intensidade? As nuvens, os vasos sanguíneos, o sistema nervoso, todos são exemplos de fractais naturais que estão à nossa volta.

Na natureza está tudo em harmonia, mas a desarmonia também impera quando esta não está conforme o previsto. Dizemos que é um sistema harmônico, quando nossa mente aceita como verdadeiro, mas se este sistema se distancia ao que acreditamos ser uma desarmonia, dizemos que o caos acha-se presente, mas todo caos é resultante para um novo retorno à harmonia, mesmo que esta seja diferente ao que conhecíamos; nesse momento o nosso sistema de adaptação encontra um novo paradigma.

Esta teoria também veio dar luz aos sistemas matemáticos conhecidos pelos fiscos antes da década de 70, de processos "lineares", onde pequenas modificações traziam pequenos efeitos de variáveis, mas um grande número de fenômenos: meteorologia, biologia, física, economia, não obedecem a este processo; para dar lógica àqueles que não se enquadram nos processos lineares, desenvolveram os chamados processos "não lineares", que vêm a ser pequenas variações de mudanças introduzidas nas equações, e não fixas, onde pequenos desvios podem ter grandes efeitos.

Voltando a Yorke, junto com seu colega Robert May, analisando as chamadas "equações logísticas", que são equações que de maneira simples fornecem um modelo para o crescimento populacional. Os resultados dessas equações alimentam outras equações para obter novos resultados, mas na dependência de utilização de um determinado fator, tal resultado pode ser amplamente previsível ou caótico, pequenas variáveis ocasionam tal desvio.

Mitchell Feichenbaum, físico, trata de reunir os dados para formular uma teoria unificada, onde sistemas não lineares e não relacionados, que se comportam de maneira semelhante, para explicar o sistema caótico resultante de sua aplicação. Até os dias de hoje procura-se tal definição.

Portanto, estamos perante um fenômeno de difícil explicação para nossa compreensão, todavia nossa mente lide permanentemente com fenômenos caóticos, como as imagens, as fantasias, os sonhos.

∴

Talvez encontremos alguma coisa que possa dar à luz tal experimentação quando nos debrucemos na busca filosófica do que "é", no estudo fenomenológico da consciência e dos objetos da consciência, ou seja, quando nossos sentidos nos informam de algo, isto passa a fazer parte de nossa consciência, quando na análise desses objetos estes passam a ser "nossos" objetos, mas para que uma experimentação de consciência se torne parte integral nossa, temos que ter uma história de nossa memória para aceitar o objeto de experimentação.

Explicando: conta-se que quando os espanhóis

chegaram à América com seus barcos, para os nativos a imagem das caravelas não existia, não podiam vê-las por não fazer parte essa imagem de sua bagagem histórica, de seus arquétipos, contestando inclusive ao que Jung propõe, sendo o arquétipo uma imagem coletiva própria da humanidade (não sabiam o que eram esses barcos), sabiam que alguma coisa se encontrava no horizonte, pela perturbação que as ondas na praia faziam de maneira diferente ao que conheciam. Por não fazer parte essa imagem em sua bagagem de história não podia imaginar o que na sua frente se encontrava, não podiam ver as caravelas.

Se partimos do princípio que nosso cérebro processa de 40 a 50 mil pensamentos por dia, a maioria desses pensamentos é descartada ou depositada em algum lugar de nossa massa encefálica, que de alguma maneira podem retornar quando nossa consciência procura algo em que se basear para processar alguma coisa nova que veio por intermédio de nossos sentidos, para fazer parte de um aprendizado.

Neste momento pode-nos ser útil o que a Ética fenomenológica nos ensina: não interessa de como o mundo se nos apresenta, mas da maneira de como o conhecimento do mundo se dá.

Estamos constantemente percebendo (*noesis*) os objetos que entram em nosso cérebro por intermédio de nossos sentidos para fazerem parte na construção de nosso *ser*. De alguma maneira irá fazer parte em uma composição em nosso subconsciente ou se for para uma resposta imediata, fazendo parte de nosso consciente, fazendo desses objetos percebidos um fenômeno que irá ser armazenado em nossa consciência fazendo parte de nós, podendo resgatá-lo muitas vezes de maneira inconsciente para formar parte em argumentos, decisões, observações sobre Moral ou Ética, questões de economia, e assim por diante, fazendo parte esses objetos percebidos de nosso aprendizado.

Se aquilo que julgamos como caótico, não estando de acordo a um sistema harmônico de nossa inteligência observacional, e se julgamos e decidimos que é um fenômeno desordenado, para chegarmos a essa conclusão, temos um desafio.

Se julgamos, comparamos, se comparamos para julgar temos que ter uma decisão, tal decisão será pelo melhor, por aquilo que está incrustado em nosso aprendizado, em nossa forma de viver e ver o mundo que nos rodeia. Se aquilo que julgamos não se enquadra em nosso aprendizado por não ser harmônico o descartamos momentaneamente, não tomando conhecimento mas aceitando ou afastando o resultado do julgar, faz parte de nossa forma de ser *homo sapiens*.

Uma vez que decidimos, a pergunta que devemos impor à nossa consciência é: por que está diferente, por que a desordem?

Não podemos duvidar da existência do mundo, devemos aceitar como ele se nos apresenta, mesmo que nossa mente rejeite o fenômeno, por não estar alinhado no sistema harmônico pelo qual nossa cultura nos ensina através de nosso aprendizado. Para argumentar melhor o acima dito, um poeta árabe assim escreveu: *"Não digas que as estrelas não existem apenas porque o céu está nublado"*.

Quando o caos se acha presente, alguma coisa houve que levou a causar tal desordem, está aí a base da compreensão daquilo que denominamos de caos: por que isto está acontecendo? Pergunta fundamental que implica em não aceitação momentânea, por estar desarmônico do que chamamos de normal, mas ao mesmo tempo implica em não aceitação na busca de uma realidade que está implícita dentro do próprio caos.

Portanto, se temos uma cultura que por intermédio de nosso aprendizado, através de nossa história como ser coletivizado que somos, aceitamos a harmonia de nosso dia a dia; devemos também fugir dessa coletivização por sermos também seres singulares que podemos fazer uma cultura individual encontrando harmonia na aparente desordem com a qual convivemos constantemente em nossos caminhos.

Quando falamos de cultura social, partimos do princípio coletivo, muitas vezes sem compreensão do EU como indivíduo, por outro lado, quando individualizamos, partimos da singularidade para posteriormente coletivizar.

Assim, quantas vezes nos encontramos com dilemas de não conseguir trazer até nossa memória consciente o nome de alguém que conhecemos, mas não podemos lembrar? Isso faz parte de nosso dia a dia. Se usarmos a técnica de pensar e pensar qual é esse nome que queremos dizer, raramente conseguiremos lembrar, devido estarmos usando o mesmo caminho, estamos emaranhados na floresta de pensamentos obstaculizando a passagem desse nome até nossa memória consciente. Se usarmos outro caminho, de trazer até nossa memória o nome que procuramos, desligando nossa "cultura", de que em cada pensamento tem que ter uma lógica, e apenas aguardamos um tempo não pensando no nome que procuramos, dizendo aquela frase: "em um instante me lembro, o tenho na ponta da língua", estamos seguindo um caminho inverso. Em nossa consciência fica registrado o que queremos, e esta se encarrega de trazer mais tarde à tona buscando no subconsciente aquilo que procuramos.

Neste exemplo pelo qual já todos passamos, encontramos uma perturbação momentânea, um caos que se forma em nossa memória, mas conhecendo a trajetória do caminho conseguimos encontrar o que procuramos.

Em toda aparente desordem existe uma ordem. Quando tomamos a desordem como princípio de não explicação, estabelecemos um caos. Quando esse caos se acha presente perturba nossos sentidos, nossa forma de agir. Quando essa perturbação nos perturba, essa desarmonia de maneira inconsciente a transmitimos a quem faz parte de nosso meio, por exteriorizar sentimentos de frustração, culpa, aborrecimento, ou seja, instabilidade emocional. Partimos de uma singularidade EU, para uma coletividade, atingindo a cultura na qual estamos arraigados, atingimos nosso próximo, começando dessa maneira o "efeito borboleta".

∴

Buscando outros caminhos para aliviar nossa perturbação consciente, exercemos uma ética, evitando desta maneira contaminar nosso próximo mais débil daquilo que nos molesta.

I – A QUESTÃO FILOSÓFICA

A verdadeira sabedoria consiste
em se conhecer a própria ignorância.
Sócrates

Na ética fenomenológica[5] encontramos um significado de importância crucial para aquilo que nos referíamos.

Hegel (1770-1831), filósofo alemão precursor do discurso fenomenológico em sua obra, "Fenomenologia do Espírito", 1996, escreve: "*A ciência da experiência que faz a consciência*"[6].

A profundidade desta frase nos leva a um imaginário global, posto que pode estar associado não só a questões filosóficas do espírito como entidade consciente do *ser*, bem como a tudo que está interligado com o *ser*, seja isto relacionado à questão: EU pessoal, social, cosmo.

"A ciência da experiência...": entre a certeza do sujeito e a verdade do objeto, se encontra a incerteza da análise. Para um objeto observado fazer parte de nossa consciência como verdade, entra em uma análise subjetiva de aceitação pela consciência e isto se dá quando de maneira repetitiva o objeto analisado corresponde à expectativa do realizado. É a "ciência" que mostra a verdade desde que o experimento sempre tenha o mesmo resultado quando inúmeras vezes realizado. Quando isto acontece estamos aplicando também a "experiência" vivida da história do sujeito.

"...que faz a consciência": quando o objeto analisado entra em nossa mente, apenas entra como algo que nossos sentidos captaram. O fato de analisarmos o objeto: prós e contras, é devido a que nossa mente não aceita o objeto para fazer parte de nossa consciência como verdade, é dessa análise do fenômeno que resultará o grau de armazenamento, em que parte da prateleira de minha consciência ficará guardado, fazendo parte do EU inteligente; mas tal análise deverá ser semelhante ou quem sabe muito diferente daquele ser humano que porventura quando analisando o mesmo objeto, chega a conclusões diferentes, tomando como referência a história pessoal do sujeito que analisa.

O objetivo da análise do objeto é porque nossa consciência, não aceitando o objeto em parte ou em sua totalidade, gera um distúrbio em nossa mente devido a essa não aceitação. Desse distúrbio que causa o fenômeno quando analisado, é que surgirá uma verdade, a da aceitação ou não em nossa consciência, fazendo parte de nosso aprendizado.

No raciocínio de uma lógica pessoal e intransferível, quando estamos em processo de análise, surge a verdade do sujeito, que irá somar-se a outras verdades em sua singularidade, formando mais um degrau em sua personalidade. Heidegger: "*O que surge na consciência revela o que o homem é*".

Constantemente estamos em conflito, sejam eles pessoais, políticos, religiosos, por sermos seres com história própria. Na manifestação de nossas ideias, quando estas estão arraigadas em nossa consciência, sustentamo-as como verdade universal.

Quando defrontamos nossas ideias com outros sujeitos, desnudamos nossa mente para expor nosso pensamento, o embate surge, por termos como fundamento o EU, como pessoa universal, não aceitando ideias contrárias daquilo que já faz parte de nossa cultura, por terem nossas ideias, em parte ou em sua totalidade, sido aprovadas por nossa consciência, sendo aceitas também por "amigos morais" (Engelhardt, 2004)[7]. Desse embate, através da razão podem surgir novas verdades, desde que nossa mente esteja aberta para aceitação de argumentos lógicos e melhores dos que possuímos.

Quando a discussão se faz presente, criamos um distúrbio, um caos; quando da argumentação, nos aferramos a nossos pensamentos que tomamos como verdadeiros. Do ato de exercer a dialética podem surgir novas ideias, que não faziam parte de nosso aprendizado fundamental. Quando analisado podemos moldar novas formas de pensamentos por termos conhecido novos argumentos que não tínhamos priorizado antes numa primeira análise, porquanto não tínhamos associação de pensamentos em nossa consciência para tomar conhecimento de maneira diferente da análise do objeto que antes possuíamos e assim partimos para uma nova classificação desse objeto de análise, para mudá-lo de local em nossa prateleira.

Todavia, esse embate pode trazer outras luzes, que irão fazer parte de nossa personalidade.

Aceitamos bem – a maioria das pessoas – o caos do discurso contrário, por fazer parte de nossa cultura como seres sociáveis, mas tal distúrbio é um elemento não harmônico em nosso *ser* por ser contrário à nossa lógica que já tínhamos formulado como verdade. Cabe a esse *ser* tomar as medidas necessárias de uma nova forma de ver o objeto, aceitando em parte os argumentos, aceitando em sua totalidade, ou simplesmente rejeitando.

Em qualquer lugar que coloquemos os objetos em nossa consciência, o ganho surgido do diálogo é benéfico. Tivemos um distúrbio que nos ajudou a reorganizar o objeto em nossa prateleira, onde podemos tomar novos posicionamentos. Podemos começar a compreender melhor, quando uma flor se transforma em fruto, mas podemos novamente criar distúrbio quando, na análise dessa flor, dissermos que nada há de substantivo com o fruto gerado.

A Questão é: como dar rigor científico aos fundamentos filosóficos a fenômenos que mudam constantemente em um mundo real? Edmund Husserl (1849-1938), filósofo conceituador da questão dos fenômenos e criador da fenomenologia*, nos responde que pode sim tratar a questão filosófica de uma maneira científica, desde que exista uma "verdade provisória". Esta verdade será sempre verdade até que novos fatos venham mudar sua conceituação, e da análise desses conceitos possa haver outra verdade em detrimento da primeira, nascendo portanto um novo paradigma.

Se a fenomenologia é o estudo da consciência e dos objetos por esta adquiridos, a *Redução fenomenológica*

---

* Sistema filosófico que pretende conferir à filosofia o caráter de disciplina científica, que toma por objeto o fenômeno tal como aparece na consciência[8].

proposta por Husserl, tudo o que entra no *ser*, por intermédio dos sentidos, é analisado podendo ser mudado pela experiência da consciência; uma vez que faça parte de nossa consciência não podemos nos preocupar mais com o objeto se veio ou não do exterior para fazer parte de nós. Para a fenomenologia não é o mundo em si que interessa, mas a maneira de como o *ser* interpreta o adquirido, quando faz parte dele.

Na redução fenomenológica a análise deve ser imparcial eliminando conceitos de religiosidade, sociabilidade, crenças, e deixar que aflore a experiência com sua história, esta experiência é o real, mas sabemos que a realidade é outra, quando nos aferramos a conceitos que fazem parte de nós como a pele que cobre nosso corpo, principalmente quando a mudança possa vir de uma análise transcendental. Como deixar de lado nossa história pessoal, onde a religiosidade e formas de convivência social se fazem imperativas para um convívio harmônico como pessoa inserida em uma determinada sociedade?

Somos pessoas dentro de um contexto social delineado; se fugimos desse conceito estabelecido devemos mudar de grupo social.

Ou seja, a experiência básica da consciência passa a ser a essência de tudo. Chegamos à essência no estudo dos fenômenos, quando as ideias que fazem parte de nossa consciência são confrontadas com outras ideias (cor, superfície...), por este intermédio alcançamos o que Husserl denomina de "redução eidética": a essência das coisas e não sua existência ou função. Evitar ver as coisas como elas se nos apresentam, mas decifrar seu significado.

Como exemplo para uma melhor compreensão, ao observarmos uma estrela de cinco pontas, apenas pode ser uma figura geométrica, mas o interesse de outros pode ser diferente em sua essência, podendo ser um símbolo para o mal, ou, de maneira oposta, para o bem.

Analisando o exemplo anterior, todavia tenhamos completado de maneira satisfatória a essência da coisa, tal fato não gera igualdade de pensamentos, devido a que cada observação gera ambivalência do observado, decorrente da história na formulação de conceito do sujeito observador, e são estes conceitos que geram o conflito, quando da má interpretação, da não aceitação, da liderança exercida pelo sujeito e suas implicações com a sociedade a qual está ligado, politicamente, religiosidade e outros.

Quantos conflitos foram gerados por causa de uma má interpretação, de um entendimento antes proposto, porém, questões pessoais se fazem presentes antes de qualquer análise universal. Os conceitos em discussão, aceitos ou não, têm uma interpretação que, dependendo da aceitação, podem gerar distúrbios.

Embora os fenômenos possam ser analisados de forma coletiva, a maneira como estes podem gerar resultantes está no individual, porque cada indivíduo tem sua interpretação.

A falta de água em nosso planeta é uma verdade universal, na interpretação da análise podem surgir questões divergentes, segundo a cultura, que em última análise é a história de cada indivíduo.

Para alguns cientistas não há por que se preocupar pela falta desse líquido precioso para nossa existência como seres biológicos que somos, pela simples razão que a ciência por intermédio da tecnologia irá resolver tal problema, afinal possuímos 97% de água salgada em nosso planeta; é apenas uma questão de excluir principalmente o sódio para torná-la palatável, assim como fazem as nuvens quando retiram apenas a água do mar, sem o sódio, que é o causador do salgado. Para outros que não conhecem tal processo, é preocupante e tomam atitudes catastróficas perante a falta iminente da água; mas para outros que não têm opinião formada pela falta de conhecimento da crise em estudo por não terem conhecimento do que isto está acontecendo, pela razão que a água sempre esteve presente em seu lar, e nunca se importou pela carência; há outros que nasceram e se criaram com a carência crônica da água, procurando o precioso líquido nas profundezas da terra, com risco da própria vida, como há milênios o fazem moradores de Omã, na península arábica.

Uma questão neste debate é fundamental, ele é real: a água potável de nosso planeta está minguando, alguma coisa tem que ser feita.

Observemos: para alguns é uma questão de sobrevivência, tendo que tomar medidas radicais como, por exemplo, o racionamento; para outros não há necessidade dessa medida, posto que a tecnologia aí está para resolver o problema, já pondo em prática tal conhecimento científico; outros não têm opinião formada, pois não os atinge; outros, ainda, continuarão a fazer o que há milênios fazem, por morarem em uma posição geográfica de nosso planeta desfavorável, buscando o líquido na profundeza da terra.

Todos possuem uma história verdadeira em suas consciências.

Quando o distúrbio se faz presente numa discussão, cada um deles expõe seus argumentos, podendo ser: lógicos em base da ciência, lógicos baseados em seu dia a dia, logicamente irresponsável aos argumentos dos outros para aqueles que têm por argumento a catástrofe.

Perante o que vimos surge um segundo ditame:

> *Em diálogo de confronto que causa um caos no meio a ser discutido, é de importância cada um conhecer a história de seu confrontante, assim pode ser flexibilizada a radicalização.*

II – OS ENSINAMENTOS DA MECÂNICA QUÂNTICA

Você não poderá resolver os problemas que tem hoje pensando da mesma maneira que você pensava quando os provocou ...
Albert Einstein

No ano de 1932, o físico alemão Werner K. Heisenberger ganha o Prêmio Nobel em Física ao teorizar que "é impossível medirmos a posição de um elétron ou outra partícula com uma precisão arbitrária sem ao mesmo tempo criar erros na medida de sua velocidade". Esta teoria conhecida como o Princípio da Incerteza, proposto por Heisenberger em 1926[9], abre o caminho para a mecânica quântica, braço da física que estuda o comportamento das partículas subatômicas, do muito pequeno e do muito veloz, bem como no pensamento filosófico moderno.

O Princípio da incerteza de Heisenberger teoriza dois substantivos das partículas subatômicas com relação a sua velocidade, e o momento linear.

É impossível termos os dois dados simultaneamente. Se conseguirmos parar a partícula, tornando-a estática, eliminamos sua velocidade; por outro lado se conseguirmos saber sua velocidade, não conseguiremos conhecer o momento em que esta se encontra, em um determinado plano, por causa da supervelocidade em que viajam.

Vejamos uma analogia: Se queremos descobrir onde se encontra uma bola de borracha dentro de um quarto completamente escuro, podemos fazê-lo emitindo feixes de ondas de ultrassom (é o mesmo princípio da ecografia usada em medicina para saber por exemplo o sexo da criança; são emitidos por um aparelho de ultrassom que, ao bater na estrutura, retorna ao aparelho; com esse retorno chamado de eco, uma vez descodificado pelo aparelho que o emitiu, obtém-se uma imagem na tela do aparelho e assim podemos vê-la). Desta maneira deduzimos a posição da bola, mas para que nosso experimento seja factível o objeto deve estar sem movimento linear.

Podemos calcular a velocidade de um automóvel se emitirmos um feixe de raio *laser*, entre a traseira e a dianteira do mesmo. O tempo que leva para ultrapassar ambos os feixes de luz nos dá sua velocidade, mas para que isto aconteça o automóvel tem que estar em movimento.

Outra contribuição para a mecânica quântica está nos estudos do físico francês Louis-Victor Broglie, demonstrando que as partículas elementares têm um comportamento ambíguo, dependendo do seu comprimento de onda, ora se comportando como partículas, ou seja, como massa, ora como ondas, isto é, energia[10].

Tais estudos usam como fórmulas a famosa equação de Albert Einstein (1879-1955): $E= MC^2$, onde a Energia (E), é igual à Massa (M) multiplicada pelo quadrado da velocidade da luz (C). Outra equação usada é a chamada equação de Planck, que relaciona a energia de uma radiação com sua frequência.

Outro físico ganhador do Prêmio Nobel em 1923, chamado Arthur Holly Compton (1892-1962), por intermédio de um experimento demonstra que o fóton (partícula subatômica de massa nula, sem carga elétrica, e muito estável) pode viajar no espaço como energia através de onda, ou como partícula. A isto se denominou Efeito Compton.

Explicando: quando este fóton interage com a matéria, existe uma diminuição de energia (imagine você correndo e de repente encontra uma parede de água na sua frente e, querendo ultrapassar, diminui sua velocidade), em nosso caso existe um aumento do comprimento de onda que ocorre com a partícula (no experimento foi utilizado o Rx e raios gamas). Diminuindo a energia do fóton, aumenta seu comprimento de onda, neste fenômeno o fóton se comporta como matéria; quando ganha energia, diminuindo portanto seu comprimento de onda, este se desloca em movimento ondulatório em *quantum* de energia. Portanto, a luz possui dupla propriedade, dependendo de como se encontra em relação a seu comprimento de onda.

Einstein nos ensina na *Teoria da Relatividade Geral,* que o espaço-tempo não é plano, como se admitia, o espaço tempo é curvo por causa das massas que se encontram interagindo com ele[11]. O espaço pode ser deturpado pela gravidade. Einstein teorizava que quando um feixe de luz sofre uma interferência no espaço, é porque existe uma massa não visível que faz com que a luz se desvie de sua trajetória, fazendo com que a gravidade do corpo "puxe" a luz para perto dele. Mais tarde (1919), essa teorização foi comprovada através de um eclipse solar. O fato de não vermos essa massa (as estrelas emitem luz, os planetas não são estrelas), não significa que não exista, por inferência chegamos a concluir que tal massa existe, por causar um desvio na luz.

Quando entramos na matéria da física não sendo *iniciado* para esta finalidade, nos deparamos com conceitos muito sofisticados, que não fazem parte de nós, simples mortais, sendo alcançados apenas por mentes brilhantes. Diz-se o mesmo da filosofia, quando esta não alcança o homem comum em conceitos, já que na prática todos a praticamos.

É assim quando nos aventuramos no universo das partículas do muito pequenininho e do muito veloz, do universo subatômico.

Nossa mente está acostumada com aquilo que vê, que ouve, que sente, que palpa, que cheira, que tem gosto; é daí que formamos nossos conceitos, é dessa maneira que nosso comportamento se forma.

Marcelo Gleiser, em seu livro *A Dança do Universo*, 1997, diz:

> *A física moderna torna bastante claro que não devemos projetar expectativas baseadas em nosso bom-senso sobre um domínio que está além de nossas experiências diárias. Fenômenos relativísticos ou quânticos são bizarros apenas se vistos por nossa percepção limitada da realidade. Com mentes abertas, o que antes parecia não fazer sentido torna-se fascinante*[12].

Quando alguém nos disse que o ponto de partida para entender a mecânica quântica está na fórmula de Max Plank

(1858-1947): $Pvdv = 8J\hat{u}v^2/c^3$, parece-nos uma linguagem alienígena, agora, quando surge uma explicação que tal fórmula representa a repartição de energia para a radiação de Corpos Negros (um corpo negro é aquele que absorve toda a radiação que nele incide, mas produz radiação eletromagnética como a luz), continuamos a achar que está falando numa linguagem de outro planeta, ainda assim não entendemos (os não iniciados na física quântica); se por outro lado convencemos nosso interlocutor a falar numa linguagem mais acessível, este poderá nos dizer que está se referindo a um *quantum* de luz (a energia se manifesta em pacotes, quanta) de uma radiação, ou seja, entre maior quantidade de luz maior número de energia é distribuído pelo fóton, luz mais fraca significa menos fótons[13]. Nesse ponto o linguajar está como se o alienígena começasse a aprender nosso idioma.

Quando falamos em entropia, incerteza, falamos em caos, desordem, mas por que razão se fala em incerteza e em entropia se existe maneira de organizar em fórmulas? Com as fórmulas demonstrativas, desaparece a desordem, a incerteza, para se tornar uma coisa certa.

Isto é decorrente dos problemas enfrentados pelos físicos, quando iniciaram os estudos da questão do átomo, à medida que dissecavam o átomo, mais e mais partículas encontravam – hoje já se conhece que há algo em torno de 200 partículas. A primeira partícula a ser descoberta foi o elétron em 1897 por Joseph John Thompson (1856-1940), outras se seguiram começando a ganhar nomes: *quarks, léptos, mésons, bárions*; são partículas elementares de matéria; os *fótons* e *grávitos* são compostos de energia e imaginárias.

A confusão estava armada e é de fácil explicação, os conceitos da física reinante eram os que Newton (figura 4) nos legou, mas estes conceitos se referem principalmente às leis que regem o cosmo. Quando nos introduzimos no muito pequeno e muito veloz, que não podem ser explicados de maneira cabal pela física tradicional ou física newtoniana.

Isaac Newton
Figura 4

Nesta época se acreditava que não havia mais nada a ser descoberto pela física (século XIX), mas os físicos se depararam com um grande problema, pois não conseguiam explicação pelas leis normais da física conhecida: como a luz emitida pelos corpos negros é distribuída? Qual o valor da velocidade da luz no firmamento?

Nesses questionamentos, surgem cada vez mais fórmulas complexas. A cada nova descoberta, surge novo questionamento, continuando a busca de uma teoria que unifique tudo o que ali está, desde o incomensurável no cosmo, à inimaginável pequenez e veloz. A procura continua. Nesse caminhar mais descobertas são evidenciadas.

Atualmente estamos na Teoria da Membrana*, os físicos têm muita esperança que esta venha a dar explicação ao todo unificado.

A física nos ensina que tudo aquilo que não conseguimos entender e, portanto, questionamos, se continuarmos a procurar, acharemos em primeiro lugar uma teoria (física teórica), mais ou menos lógica para explicar o fenômeno, até que alguém por intermédio da aplicação teorizada consiga converter aquela teoria em algo real, por intermédio da experimentação (física experimental). Assim como na teorização que fez Einstein no desvio da luz, exposta acima, demonstrando que a luz se comporta tanto como matéria quanto como energia.

Chegamos em um ponto na ciência de ser tão abstrata que se torna difícil fazer ciência com a abstração que temos com a física atual, a física das partículas, das cordas e por último no estágio atual das membranas. Por estarmos tratando de hipóteses que dificilmente podemos testar, talvez algum dia no futuro estaremos criando em laboratório Universos Paralelos, para podermos dizer: bem está provado o

* A Teoria da Membrana, ou Teoria M é uma forma que trata de dar uma explicação ao universo desde seu nascedouro no Big-Bang. Esta teoria teve sua evolução a partir da Teoria das Cordas, que se pensava que era o caminho para unificação da física, mas estas teorias que mais parecem ser um universo sub-realista, chegaram a uma encruzilhada (Teoria das Cordas) tal, que se subdividiu em cinco subteorias, que para a física esse número é demais. Com a Teoria M, se chega em resumo a que o universo é composto de onze dimensões e não de quatro (para Einstein, a quarta dimensão é o tempo). Através da Teoria M, se explica o Big-Bang, não como um elemento singular, mas muitos Big-Bang, quando as membranas de universos paralelos se encontram. É uma forma elegante e bela de encontrar nosso nascimento cósmico.

que a física teórica nos dizia referente aos assim chamados Universos Paralelos e o modelo criado em laboratório é este.

Até isso acontecer, continuaremos a encontrar respostas em algo do sobrenatural, transformando o dogma transcendental em algo real, continuaremos a ser humanos copiando nossos antepassados que, quando do não conhecimento inexplicável de algo, deuses tomavam conta, e para se tornar mas palatável, se criavam histórias imensuráveis de heroísmo desses deuses, semelhantes a humanos, para poder entender melhor o que não conseguíamos mensurar.

Aquilo que se dizia no século XIX, que nada mais a física tinha a oferecer, foi derrubado com a experimentação, através do questionamento da física teórica, e, desta maneira, quando pensamos que estamos finalizando, vem outro a nos dizer que estão iniciando um novo ponto de partida. Alguém em nossos dias poderá dizer, explicando a nossa origem, qual é a graça de continuar a especular sobre leis que governam a matéria, quem sabe a física entrará mais a fundo com leis que governam o espírito para quem sabe decifrar matematicamente a alma e afastemos de vez a ciência infusa, dando à inteligência humana o valor merecido dentro da evolução cósmica. Dez mil anos de evolução humana nada representam para a história, não têm significado para o Universo. Certamente um novo caos virá a fazer parte desses novos conceitos.

Não há limites para a inteligência do ser humano. O físico inglês Stephen Hawking (1942), sentenciou: "*Os físicos estariam prontos para ler a mente de Deus*". Pretensão? Talvez não, se pensarmos de maneira diferente quando citarmos a máxima: o futuro a Deus pertence, para, o futuro ao homem pertence.

O caos reinante deu lugar a um sistema organizado de teorias, fórmulas, experimentos, que nos levam cada vez mais ao precipício do cosmo e do subatômico, onde aquilo que é aparentemente desordem, não é mais nada que uma falta de compreensão, de nossa mente, tendo que adaptar nossa maneira de pensar a busca de outros caminhos, que não os tradicionais, para conseguir resultados diferentes e verdadeiros daquilo que buscamos.

∴

Não tenhamos medo das mudanças, elas são caóticas no início para se tornarem claras e funcionais mais adiante. A evolução é perene; nós somos evolução.

III – QUANDO A ECONOMIA ENTRA EM CAOS, A POLÍTICA ACOMPANHA

Não corrigir nossas faltas
é o mesmo que cometer novos erros.
Confúcio

Neste capítulo iremos abordar dois assuntos da área econômica que geraram um caos sem precedente na história. O primeiro aconteceu no ano de 1637, com relação à quebra da bolsa de valores na Holanda, quando das negociações da tulipa, flor proveniente da Turquia. No segundo texto, avançaremos até o ano de 1929, com a quebra da bolsa de valores de Nova Iorque, gerando o que os economistas chamam de terça-feira negra.

Vamos a nosso primeiro exemplo.

A crise na Holanda é gerada quando o preço de um único bulbo da flor denominada tulipa passa a valer o equivalente a 24 toneladas de trigo. Um único bulbo podia comprar mansões, fazendas.

Isto se deu em decorrência da competição entre a classe abastada, por capricho de possuírem um artigo raro e belo: a flor originária de Turquia, trazida por Ogier Busbec, que leva o nome de tulipa. A cada dia o preço da referida flor subia de maneira vertiginosa.

O que se segue entre o ano de 1636 e 1637, foi um verdadeiro absurdo, algo sem precedentes entre as classes mais altas, até que a especulação de preços chegou à estratosfera na compra de exemplares, considerados raros. A venda de famosos bulbos podia chegar a 6.000 florins (uma tonelada de manteiga custava na época 240 florins).

O produto era tão valioso, que era comercializado na bolsa de valores, até que a inflação dos preços do produto chegou a patamares insustentáveis; então começam a cair os valores de mercado, levando a uma queda vertiginosa, e como consequência: aqueles que venderam antes tiveram muito lucro, por outro lado, aqueles que aguardaram preços melhores por pensarem que era uma crise momentânea, faliram.

No livro *Memorando de extraordinários engodos populares e a loucura das multidões*, Charles Mackay (1814-1889) nos conta[14]:

> *Um rico mercador havia pago 3.000 florins (280 libras esterlinas) por uma rara tulipa Semper Augustus* (figura 5) *e esta desapareceu de seu depósito. Depois de vasculhar por todo o depósito, ele viu um marinheiro (que havia confundido o bulbo da tulipa com uma cebola) comendo a tulipa. O marinheiro foi prontamente preso e passou seis meses na prisão.*

Alguns economistas contestam Mackay em relação a seu livro, mas todos concordam sobre a "bolha econômica" (é todo surto de especulação financeira de grande escala), que se originou pela especulação.

A "bolha econômica" pode ser caracterizada como uma síndrome que tem como características:

a) euforia: o mercado reage favoravelmente à especulação;
b) pânico: quando o mercado acorda do absurdo e bloqueia por seus próprios mecanismos a loucura dessa especulação;
c) crise econômica: perdas monetárias de muitos que investiram pensando numa reação ainda favorável do mercado.

Semper Augustus
Figura 5

Vamos a nosso segundo exemplo de caos econômico.

Um elo de circunstância leva à quebra da bolsa de Nova Iorque no ano de 1929, crise começada havia 4 anos, quando a economia americana começa a enfrentar sérios problemas.

Após a grande chacina do que foi a primeira grande guerra, findada no ano 1917, os Estados Unidos ajudam os países europeus para que estes se recuperem do desastre econômico que normalmente acompanha essses conflitos insanos. Estes países começam a recuperar-se paulatinamente até serem, mais tarde, lá pelos idos de 1925, não só autossustentáveis, como também exportadores de produtos agrícolas e manufaturados. Portanto, fazem agora concorrência com os produtos americanos, vendendo os agricultores seus produtos diretamente no mercado europeu, não necessitando mais dos produtos americanos e os excedentes no mercado internaciomnal, competindo diretamente como os produtos americanos.

Isto resulta em sobras de produtos no mercado americano, gerando uma superprodução que não acompanha o consumo. Como consequência, grande parte dos agricultores pensando numa crise momentânea para saldar suas dívidas procura os bancos, deixando suas terras hipotecadas como garantia da dívida. Tempos depois, com a continuação e agravamento da crise econômica e sem lastro para cumprir seus compromissos com os bancos, muitos agricultores perdem suas terras.

Simultaneamente a indústria diminui sua produção, levando como consequência ao desemprego maciço.

Apesar da crise que estava instalada, uma grande

maioria de investidores continuou a especular em ações, comprando ações de empresas que não era o real da situação. Acontece o inevitável, a escalada inflacionária dos papéis, pela maior demanda deles no mercado, caindo a procura, seguido logo depois pela desvalorização desses papéis. O próximo elo da corrente é o caos, a quebra da bolsa.

Novamente a síndrome da ganância se acha presente: euforia na compra dos papéis sem terem conhecimento, ou sem levarem em consideração os compradores desses papéis e da real situação econômica em que o país passa em decorrência do problema mundial, da competitividade econômica; pânico, quando o mercado reage ao descalabro provocado pela especulação; crise econômica, como consequência final das duas anteriores.

Milhares de indústrias, bancos, agricultores, foram à falência. Isto ocorre numa terça-feira, ficando conhecido esse caos econômico como *black tuesday*. Isso acontecendo, os Estados Unidos que mantêm o poder quase hegemônico da economia mundial, fazem o que tem que fazer para aliviar os 12 milhões de desempregados que rondavam como zumbis as casas de sopa para se alimentarem: diminuem drasticamente o ingresso de produtos estrangeiros, suspendendo empréstimos a outros países, gerando como consequência uma crise nos países capitalistas, uma crise mundial.

Essa cascata de acontecimentos não é mais local, ou restrito apenas a alguns países vizinhos, como foi o caso da Holanda. Em nosso primeiro exemplo, esta crise é em escala global, caindo as economias como peças de dominó, curvando-se à própria lição econômica, criada pelo mercado capitalista, entre a procura e a demanda.

APLICANDO OS ENSINAMENTOS

De um provérbio árabe:

> *Tudo o que acontece uma vez, pode nunca mais acontecer... mas tudo o que acontece duas vezes, acontecerá certamente uma terceira.*

Nestes dois exemplos de caos econômico, surgem lições que podemos levar a nosso conhecimento de maneira macro ou global ou bem, micro ou particular.

Alguns aprendem, outros infelizmente não.

Vejamos:

Ano 2007, a imprensa nos informa que os bancos americanos começaram a ter problemas por terem emprestado dinheiro a pessoas para compra da casa própria. O que deveria ser uma coisa normal de mercado torna-se um pesadelo por culpa da ganância dos próprios bancos (um aparte, ganância irresponsável), devido aos critérios para o empréstimo não serem preenchidos de maneira como as teorias econômicas mandam, ou seja, emprestar para aqueles que têm lastro que mais tarde possam saldar suas dívidas.

Os bancos assumem o lastro dos devedores na hipoteca da casa própria, só que esqueceram ou não se importaram que tinham compromisso para com aqueles que especulam no mercado financeiro, com dinheiro que emprestam aos bancos, tendo ganância por intermédio de papéis que o banco se obriga a pagar em determinado espaço de tempo, acrescido de juros estipulados em contrato, portanto fixo, sem risco hipotético para o especulador.

Os proprietários dessas casas compradas via empréstimo bancário, não têm como saldar suas dívidas, os valores e execuções das hipotecas aumentam assustadoramente. Não saldando as dívidas os compradores das casas, os bancos não têm como repassar o saldo devedor para o especulador com o qual formulou um compromisso para o resgate dos papéis.

A cobrança começa a ser feita pelos especuladores, os bancos cerram as portas para evitar saques de suas contas, e assim evitar a falência, ou esperando alguma reação do próprio mercado.

Estamos no segundo estágio de nossa síndrome; o pânico se instala.

Com a lição aprendida das crises anteriores, e para evitar que as instituições financeiras comecem a cair como peças de dominó, o Banco Central americano, seguido por outros como no Japão, injeta dinheiro nas instituições bancárias para evitar a falência, para evitar a cascata de quebras que poderia advir em decorrência do caos gerado pela especulação.

As bolsas de valores do mundo inteiro começam a apresentar baixas em decorrência da crise americana.

Uma vez mais nossa globalização em xeque, aquele efeito borboleta que vimos no primeiro capítulo.

Aprendeu-se a lição, mas esperemos, a história vai se repetir, ela sempre se repete.

No segundo exemplo a seguir nada está sendo aplicado, conforme os ensinamentos da história. Isso que foi exposto com relação às instituições financeiras, acontece também conosco, com nosso saldo bancário, quando não conseguimos entender por que estamos tão endividados, em decorrência da dependência direta do consumidor, com as instituições, seja ela financeira, governamental, por não conseguirmos compreender o que se passa no mercado.

Em nosso caso específico, num país que leva por nome Brasil, a especulação não está no contribuinte e sim nas instituições financeiras acobertadas por um mercado globalizado, apoiado pelo governo, por intermédio do Banco Central.

Essa globalização pelo que reza o catecismo econômico: combater a inflação com aumento de juros e outras políticas, quais sejam: aumento dos impostos como maneira de aumento de arrecadação; aplicar uma política assistencialista e decadente para atender a pobreza, isso está levando a uma gritaria da classe média, e da indústria produtiva, que de uma maneira direta é a que consome e sustenta um país.

Já se começam a ouvir os gritos que eram abafados, e agora estão se tornando claros, com militantes sem bandeiras de partidos políticos, ou grupos religiosos, ou instituições sociais; gritos estes que estão cada dia aumentando seu volume para todos ouvirem; pela ciranda imoral das ganâncias dos bancos; do não poder de compra do assalariado e profissionais liberais; das dívidas adquiridas pelo cheque especial, cartão de crédito, que o contribuinte usa para saldar dívidas com os bancos, sabendo que esse dinheiro vai para pagar um congresso inoperante, imoral, aético, corporativista, corrupto; uma justiça engessada, sem recursos, com toneladas de papéis para serem julgados e a maioria dos crimes vencendo pela palavra imoral "decurso de prazo", por julgamento de leis anacrônicas na sociedade em que vivemos; o cidadão está cansado de ver ladrão de galinha ir para a cadeia, mas os crimes do assim chamado "colarinho branco" continuam impunes ou vencendo por "decurso de prazo".

Mais: quando o governo se preocupa em governar o país como se fosse parte da diretoria de um partido político, sem se importar com os gritos que estão ocorrendo em seus próprios ouvidos, das vaias de milhares de cidadãos, sendo testemunhas dessas vaias cidadãos de toda a América presentes num estádio.

Podemos dizer sem sombra de dúvida que estamos no segundo estágio da síndrome, pronta para entrar na fase de caos.

A que preço temos que aprender?

∴

O caos político e econômico segue a síndrome: euforia, pânico, crise. É de suma importância identificar os primeiros dois estágios para não alcançar o terceiro, o preço a ser pago é muito alto.

IV – O QUE A MORTE NOS ENSINA

Não existe a morte, apenas mudam as condições de vida.
Sêneca

Talvez uma das maiores questões que afastamos permanentemente de nossa mente seja a questão da morte, sem dúvida é nossa maior verdade. Temos que morrer! Encontramo-nos sempre perante um dilema: por que temos que morrer? Qual o significado da morte? Para onde vamos? O que esta "anomalia" da vida representa?

Podemos continuar a nos perguntar cada vez mais sobre esta questão, e a resposta será de múltiplas maneiras, dependendo de nossa formação, psicossociorreligiosa. Mas independente do que somos, lutamos contra este sentimento, não aceitando o desaparecimento de nossa identidade.

Lutamos por intermédio da medicina, nos cultos religiosos, evitando ao máximo conversas que nos levam à destruição de quem somos, como entidades singulares. Por outro lado vivemos um eterno conflito no subconsciente quando assistimos desastres, mortes em massa decorrentes de catástrofes. Os telejornais (aqueles veiculados pela TV) nos dão aquilo que queremos, somos ávidos por notícias de desastres que contabilizam um grande número de vítimas.

Continuamos a não aprender, a estimativa de mortes coletivas no século passado (XX), por intermédio dos governos, traduzida em guerras, revoluções, tiranias, colonialismo, prisioneiros de guerra, étnicos, é algo em torno de 200 milhões.

Nossos sentimentos são cúmplices para com aqueles semelhantes que perderam seus parentes, amigos. Somos possuídos de uma solidariedade mórbida. Choramos perante a tela de TV quando vemos e ouvimos entrevistas de parentes das vítimas. Se alguém pedir mantimentos, roupa ou comida, por causa de uma enchente, terremoto, mesmo que seja do outro lado de nosso planeta, rapidamente nos solidarizamos, mas quando trocamos de canal, desaparece nossa cumplicidade.

Somos solidários perante a catástrofe, mas se ouvimos que alguém morreu de frio na noite anterior na rua de nossa cidade, talvez apenas digamos "coitado", e seguimos em frente, como se trocássemos de canal.

Nas tragédias humanas somos cúmplices, mas na morte em particular, nossa mente se desvia e evita entrar em detalhes de pensamento do acontecido, não suportamos ver corpos inertes que antes tinham sopro de vida.

Quando a desintegração corpórea começa, nos transportamos ao transcendente, queremos uma explicação pelo ocorrido, começa o questionamento, ao não entender, imploramos graça divina para que esse corpo inerte seja recebido, por alguém, em algum lugar, numa determinada hora e, para tal, invocamos para que esta criatura siga um caminho para o transcendente.

Os egípcios o faziam através de uma alegoria da travessia do grande mar, onde após a travessia o deus da morte Anúbis, os aguardava, pesando o coração do morto, servindo de contrapeso uma pluma, para receber o prêmio ou o castigo.

Os Maias, Astecas, Incas, Indonésios, enfim, qualquer grupamento social do passado ou do presente, faziam e fazem aquilo para que de melhor tivesse aquele corpo inerte, para que sua alma transcenda ao encontro de quem julga, ao encontro de seus juízes.

Os Astecas, apenas para citar um grupo, procedentes do México tinham nos sacrifícios humanos, para o deus sol, Uitzilopochtli, um significado de oferenda, onde em dia de festividade até mais de mil indivíduos eram sacrificados em sua homenagem; esse deus precisava de sangue para aplacar sua ira e, ao mesmo tempo, continuar a manter sua vida eterna.

E assim, dependendo da cultura de cada povo, se erguem totens, fazem sacrifícios humanos, oferecem alimentos para sua travessia para outra existência; outras culturas usam os elementos terra, água, ar ou fogo. Usamos a morte para a transcendência, por intermédio de ritos, convertendo a água em vinho e o pão em carne, simbolizando o martírio seguido de morte.

Ao não compreender a morte a transformamos em algo que perdure, não aceitando o desaparecimento do ente que esteve em convívio e que antes usava sua forma corporal para expressar seus sentimentos, e, agora, está inerte.

Continuamos a dar vida, por não aceitar o imobilismo daquele que antes era igual a nós. Chegamos a odiar a palavra cadáver, usando outros termos para designar a morte: desaparecimento, por ser algo que ainda poderemos encontrar; falecimento, falência, fim, por ser algo menos rigoroso do que cadáver.

Sabemos que iremos um dia morrer, mas não suportamos tal pensamento, desestrutura nossa mente, cria um caos em nossa maneira de pensar, há uma desordem em nossa estrutura individual.

Aquartelamo-nos em ritos religiosos, para amenizar nossa desordem, aceitando como dogma uma posição geográfica que podemos chamar de céu, paraíso, purgatório, inferno, usando ritos de transcendência, e dessa maneira amenizar aquilo que não podemos entender.

Os ritos mudam, mas a essência continua na transcendência para outro lugar que não compreendemos, mas tratamos de aceitar como porto final de chegada.

A doutrina espírita tem outras variantes, posto que nesta doutrina, a transcendência continua com o indivíduo, aonde lá chegando, os estudos continuam para seu aperfeiçoamento moral e quando falamos em estudo, o fazemos em nossa realidade de existência dando continuidade ao que aqui se passava.

Desta maneira, alguns grupos sociais continuam a ver a morte como uma degradação atômica dos elementos moleculares; outros a entendem como uma passagem final por intermédio de um julgamento prévio antes de entrar nas dependências do céu ou inferno; outros transferem para uma imagem onde o espírito do morto irá incorporar e, desta maneira, torná-lo imortal, mesmo sendo através de um objeto inanimado, estando o ser querido perto deles, fazendo parte do totem.

Usamos da morte para reforçar a moral do convir, ouvindo dos pregadores religiosos que para ter um lugar bom na transcendência, teremos que ter uma boa vida na terra, justificando nossos atos perante um juiz universal e perfeito, que julgará nossa obra e conforme esse julgamento iremos fazer parte de um grupo semelhante, não mais misturados entre bem e o mal, como aqui estamos.

Quando na dúvida há religiões que criam um lugar intermediário de passagem para purgar algumas obras que não foram dignas moralmente, mas não são suficientemente grosseiras para uma condenação permanente e eterna, merecedora do fogo eterno.

De uma maneira ou outra apenas muda o ritual, quando não entendemos coletivamente o significado da morte, entronizamos alguém de nosso meio, para este se fazer cargo e encontrar explicações para aquilo que não compreendemos; assim criamos os xamãs, bruxos, pastores, padres, irmãs, legamos responsabilidades para alguém que entenda melhor, os especialistas do mundo invisível e que se preocupem por nós, para explicar, realizar os ritos, e ser confrade com o além.

O xamanismo existe desde os tempos imemoráveis, seguindo a cultura dos povos em paralelo à religiosidade existente, servindo como elo entre o material e o incompreensível espiritual, talvez na linguagem de hoje pudessem ser chamados de médiuns, seguindo os ensinamentos da doutrina espírita.

Outros que permaneceram visíveis em nosso convívio terreno e após sua morte continuamos a chamá-los para realizar os milagres. Temos aí a figura dos santos na religião católica.

Outros mensageiros invisíveis, mas que têm o poder de intermediar as ações humanas com o além, criamos estruturas hierárquicas para esses seres, os denominando de arcanjos, potestades, anjos e assim por diante.

Esses especialistas do mundo invisível são os responsáveis de organizar o caos que existe entre aqueles que não aceitam a morte como parte da vida, são os que irão nos confortar na hora decisiva quando surge a pergunta inevitável: por que isto aconteceu?

A desestruturação individual momentânea e muitas vezes a longo prazo, quando perdemos alguém perto de nós, é um golpe duro para aqueles que não aceitam a morte como algo que já chegou ao fim, que tudo o que chamamos de vida algum dia termina e quando isto acontece, cria um caos em nossa mente, por não aceitar o veredicto da vida que é a morte.

Nestes indivíduos que pensam que tudo é permanente, embora no seu interior saibam que não é assim, que afastam de sua mente aquilo que jamais irá acontecer com ele, todavia estando a seu alcance a inevitável morte, são os que mais irão sofrer quando o desenlace chegar.

A não aceitação de uma verdade que está a nosso lado, quando revelada, entra em vários estágios daqueles que afastam de sua mente essa verdade: o não acreditar que aquilo está acontecendo; na segunda fase, já da aceitação, é culpar alguém por aquilo que aconteceu; numa terceira fase, vem a aceitação do fato, para passar logo depois a estruturar o que foi desestruturado.

Nesta última fase é onde a estrutura do indivíduo pode converter-se em algo anormal, dentro de nossos padrões de convivência, posto que o caos instalado em sua maneira de pensar, irá manter uma deturpação de seu pensar, atingindo também os que estão a seu redor; mas isto já é estudo para uma abordagem psicológica mais profunda para entender o indivíduo com sua desestruturação individual.

∴

Estar de olhos fechados para uma realidade inquestionável, nos torna mais vulneráveis quando existe o desfecho de enfrentar essa realidade.

V – O DIAPASÃO PRODUZ UMA HARMONIA DE UMA NOTA MUSICAL SÓ, QUE DESAPARECE PAULATINAMENTE COM O TEMPO

O efeito sonoro que entra por nossos ouvidos através da conjugação e alternância de sete notas, que compõem o universo musical, e que dependendo da mistura, bem como de sua escala harmônica, é sentido pelo agradável sonido que enaltece nosso espírito ou, por outro lado, nos repudiam

Figura 6

quando não aceitamos a harmonia que entra em nosso sentido da audição.

Pentagrama: vocábulo de origem grega formado por duas palavras; penta: palavra que designa o número cinco, em nosso caso representado pela figura 6, onde se encaixam as sete notas musicais, do, ré, mi, fá, sol, lá, si; e grama: unidade de medida.

Essas sete notas musicais com seu desdobramento, irão produzir melodias maravilhosas, quando agrupadas de maneira ideal para escutar o que entra em nossos ouvidos ou, por outro lado, quando não se dá esse agrupamento de maneira harmônica, ouvimos uma desagradável melodia a qual rejeitamos, considerando-a como notas desafinadas num acorde.

Quando entra reverberando em nosso tímpano um determinado sonido, nosso cérebro o analisa e pode classificá-lo como agradável, dizemos que estamos com um som consonante, do latim *consonatia*: estar de acordo; pelo contrário, quando este som é desagradável, dizemos que estamos perante um som dissonante, do latim *dissonantia:* desacordo, desagradável.

A dissonância nada mais é que uma desarmonia, que nossos ouvidos não estão acostumados a ouvir, é um caos harmônico.

A base de toda harmonia é a escala musical, quando organizada em sua forma de tons e ritmos, por intermédio dos acordes, que são uma série de sons de diferente frequência. Quando dois ou mais acordes se fazem presentes para produzir um som e este é agradável, dizemos que é concordante, se por outro lado se torna desagradável é um acorde dissonante.

A música é formada de três elementos: ritmo, harmonia e melodia.

Da combinação do ritmo, harmonia e melodia, resulta o que denominamos de consonância e dissonância, o ser agradável ou desagradável, o que nosso cérebro analisa.

A questão é, que dependendo da cultura que possuímos, a sonoridade que entra em nossa mente para análise dos acordes emitidos, buscando um timbre harmônico do som emitido, pode ser concordante (harmônico), ou discordante (desarmônico), tudo irá depender de como nossa mente se acostumou a receber tal sonoridade.

Assim gostamos ou não de ópera, música clássica, música sertaneja; para alguns a música instrumental é agradável, já para outros, uma chatice, ou seja, da bagagem histórica que trazemos em nosso cérebro na análise de determinados sonidos, nos são agradáveis, ou, pelo contrário, desagradáveis, dependendo de que cultura recebemos tal informação.

Depende da bagagem histórica que trazemos. Os que foram criados numa cultura eminentemente ocidentalizada ao ouvir um som monocromático como é tipicamente a música oriental, este sonido não é bem aceito em nossa análise mental, tratando de descartá-lo quando ouvido, porque se torna um caos em nossa mente, a análise não está em nosso subconsciente, pelo fato que não estamos acostumados a ouvi-lo.

A música indiana ou chinesa, para o ocidental se torna uma música monótona, dissonante. O *rock* pode para alguns ser uma música dissonante, mas para quem gosta desse tipo de melodia, o sonido que entra por seus ouvidos se torna agradável, portanto, consonante.

A concordância e dissonância mudam de cultura para cultura, representando a subjetividade de cada povo em sua história musical, sua própria forma de ser, e no jargão popular podemos dizer "gosto não se discute".

E assim, dependendo da cultura, do momento histórico, como foi por exemplo ao surgir o *sistema tonal*, identificando uma época caracteristicamente racional como foi o iluminismo nas mudanças filosófico-culturais que ocorrem numa sociedade com mudanças de valores (a razão por excelência) em detrimento do passado. A música se adapta a essas circunstâncias, compositores buscando dentro do seu cerne aquilo que já faz parte de sua maneira de pensar, e esta levando a uma nova mentalidade no atuar, na ação.

Quando analisamos a história do *rock and roll*, trazido pelos negros, que viria ser os primórdios dessa melodia com o ritmo 4 x 4 composto pelo compositor negro Bill Haley no ano de 1954 com o disco *We're Gonna*, era difícil acreditar que mais tarde um branco iria ser um dos grandes representantes desta música de novo ritmo, como foi Elvis Presley, nos anos sessenta. Mantendo a música como ela sempre foi, sem raça, sem fronteira, totalmente democrática, aceita para quem quer aceitar, repudiada para quem assim também o quer.

Uma argumentação pode estar sendo rolada, influenciando o que viria ser uma revolução de uma sociedade, que joga para o alto tantas convenções consideradas obsoletas, como foi a revolução *Hippie* e que na época parecia que o mundo iria acabar, posto que a juventude estava "sem saída", para o observador mais conservador.

Esse caos gerado pela juventude do Paz e Amor traz como consequência outra revolução na Europa.

Do efeito borboleta, que começa de um bater de asas na fazenda de Bethel em Nova Iorque em 1969, onde aproximadamente 400 mil pessoas cantavam, se drogavam, faziam sexo ao ar livre, flores na cabeça, cabelos compridos, roupas psicodélicas, com um lema de paz e amor, batizado como Woodstock, influencia ao mesmo tempo na revolta estudantil na França, que se alastra para os demais países da Europa e América Latina.

No Brasil, como na Europa, levantando a bandeira em voga, a bandeira do comunismo, que mais tarde degenera, em um caos maior, com consequência inadmissível, apoiado por uma sociedade adormecida e torpe, onde a questão estudantil e política estava sendo vista de maneira igualitária com ênfase a um socialismo incompreensível pela classe burguesa e que no final tem seu desfecho na America Latina em golpes militares.

Foi a revolução de um novo paradigma musical que desencadeou acontecimentos políticos? Talvez. O interessante é que toda essa cultura nasceu de uma maneira simultânea, que pode muito bem ter sido precedido pelas melodias "disformes" do *rock*, ao qual a juventude adere de maneira global, como resposta ao convencional, que não mais se adaptava aos acontecimentos que estavam seguindo novos caminhos.

O caos causado por este movimento, decorrente de um bater de asas da uma borboleta, que tem como ápice o

Woodstock, incompreensível para uma classe, que eram os mandatários na política social, mas que se torna uma maneira de protesto de uma juventude que grita por uma independência, partindo para uma identidade própria, contra os acontecimentos que no mundo ocorriam, como era também a guerra no Vietnã, sem dúvida estavam-se abrindo as portas de um novo paradigma.

A igualdade de sexo se faz presente, decorrente de outra revolução, a pílula anticoncepcional. Agora a mulher desperta para o que antes era inacessível para ela, o sexo, fazendo do seu corpo e sua mente algo a ser visto com uma individualidade ímpar, tomando ela mesma conta de seu corpo, porque é apenas a ela quem pertence, revoltando-se contra uma sociedade decadente que o passado, como passado, é história.

Pode-se dizer que este câmbio social, precedido por um acorde diferente, 4x4, acordando a borboleta, que levanta voo, para mudanças, começando o acorde dissonante, desagradável a seus ouvidos, mas receptivo por outros, que seriam os causadores de uma revolução social, na arte, música, literatura, filosofia, sociologia, enfim, para outro aprendizado com novas normas, até que uma nova onda venha a mudar esta sociedade, quando outra borboleta sair do seu casulo.

O fato da dissonância causada para um ocidental quando ouve uma música oriental gera um caos na interpretação consciente dessa sonoridade; sendo assim, tratamos de afastar essa acústica de nossos ouvidos. Diz-se o mesmo de determinadas melodias ocidentais, como o *rock*, por exemplo, para aqueles que não apreciam a harmonia em que este tipo de música está composto, é uma música dissonante.

Esse fluxo e refluxo, entre o belo e o feio, o prazer e a dor, quando algo foge de nossa maneira de ser dentro da sociedade em que vivemos, criamos uma forma para trazer harmonia a essa sociedade; assim, quando não conseguimos lidar com distúrbios de conduta, de uma determinada pessoa, criamos a figura do psicólogo, para tratar de trazer essa pessoa discordante de nosso meio social, a uma realidade palatável em nosso meio.

Mas a figura do psicólogo também serve para acompanhar outras formas de pensamentos, porque uma coisa leva a outra, criando futuramente "normas", para criar os filhos padronizados, por intermédio de livros, palestras, ensinamentos, que não são nada mais do que tratar de ser uma sociedade homogênea, evitando o atrito social, que muitas vezes acontece na criação de filhos, que não foram devidamente socializados, ou robotizados.

O mesmo se passa com a música, esse desejo de agradar é a procura constante da arte, fazendo com que aquilo que estou produzindo, se torne agradável em primeiro lugar a meus ouvidos e, em extensão, aos ouvidos dos outros.

A dissonância musical não deixa de ser uma composição, como qualquer outra, apenas está na não aceitação (desagradável, caótica) que entra por intermédio de nossos ouvidos.

O significado de caos para alguns, gerando desordem, pode ser uma perfeita harmonia para outros, ou quem sabe uma nova forma que está por vir.

Antes de nossos olhos muitas influências de caráter

artístico, político, religioso, podem denotar harmonia ou caos, dependendo da cultura em que estamos inseridos.

O agradável que aceitamos como bem-estar, está diretamente relacionado com aquilo que aprendemos e que levamos em nosso aprendizado histórico, transformando tal aprendizado em comportamento social, aceitando como benéfico tudo aquilo que nossa consciência digeriu, formando parte de nossa personalidade no julgamento de nossas ações.

∴

Não julgar como imprestável aquilo que nos impulsiona a fazê-lo, há outros que o consideram sublime. Isto não significa aceitar.

VI – ENTRE DOIS CONCEITOS OPOSTOS

A liberdade é singular,
sempre que exista a liberdade plural.
Benedetto Croce

Em nossa sociedade, bem como dentro de nós, vivemos em eterno conflito, nossa vida se resume em catalisar a convivência à procura daquilo que nos faz bem, rejeitando tudo aquilo que por análise de nosso consciente, nos traz distúrbio em nossos pensamentos e que é transmitido em nossas ações.

Esse conflito se encontra de lado oposto no julgamento do bem ou do mal, trazendo como consequência o bem como algo que aceitamos, tratamos de que outros o aceitem e assim queremos que a humanidade pense e atue, em busca de nosso bem-estar.

De maneira inconsciente estamos fazendo o mesmo que Immanuel Kant quando pronuncia seu *imperativo categórico*: "*Age somente, segundo uma máxima tal, que possas querer ao mesmo tempo que se torne lei universal*". Todavia, Kant se refere à questão moral.

Fazemos dos pensamentos que nos agradam aquilo que gostaríamos e que todos pensassem como nós pensamos, posto que estamos à procura de uma constante harmonia, sabendo que toda harmonia traz concordância e esta, sem estar presente o conflito, nos traz paz. Ao contrário, a discussão pode levar ao conflito, ao caos e quando isto ocorre, nosso caminho antes despejado de luz, se torna nublado.

Vivemos constantemente o caos, se fazendo presente em nossas vidas como algo natural. A frase popular: "Deus escreve certo por linhas tortas", nada mais é que aceitar aquilo que pela lógica deveria ser de outra maneira, aceitando o incompreensível de uma resposta a uma ação que não deveria ser dessa maneira. Ao aceitar estamos convertendo o caos em algo compreensível que seja aceito por nossa mente consciente. O "torto" também é aceitável em nosso raciocínio, quando aceitamos o transcendente como parte de nossa realidade.

Não conseguimos fugir do caos, ele faz parte de nós, está na aceitação dessa desordem quando fazemos qualquer mudança em nossas vidas, até em nosso pensamento.

Caos tem graduação, talvez possamos entender uma coisa bela, que entra em nossa mente para nos agradar, já o feio, bem, ele nos retrata uma forma não aceitável dentro de nossa fórmula de convivência, singular ou mesmo social.

O feio é um caos que perturba nossa mente, por não aceitá-lo, por entrar em conflito com aquilo que vai contra o equilíbrio dentro de nós, pelos conceitos que levamos como herança, pelo aprendizado que possuímos como belo, o feio se torna repulsivo.

A questão fundamental está no gerenciamento do caos,

na busca constante de novas maneiras de pensar, fugindo muitas vezes do padrão.

Tudo o que é padronizado nos é agradável, por não necessitar do exercício do raciocínio, assim como a água quando cai morro abaixo, estamos exercendo a influência do menor gasto, mas quando o padrão começa a fugir de nossa realidade, começamos a observar dentro de nós uma perturbação, que na maioria das vezes não conseguimos entender, neste momento o caos assume seu papel.

É neste momento que temos de ter a coragem de mudar nossa maneira de pensar, nossa inteligência está submetendo-se a uma prova no uso de nosso raciocínio.

Se a natureza reage caoticamente, como excesso de chuvas, secas, aumento do número de tornados ou furacões, alguma coisa está acontecendo para que isto se passe. A natureza, por fazer parte de nosso sistema de vida, também reage de forma padronizada, mas quando estas formas se alteram, a natureza se comporta seguindo o estímulo, dando uma resposta que interpretamos como caótica, ao antes organizado, harmônico, belo: efeito estufa, destruição da camada de ozônio.

Muitas vezes fomentamos o caos em nosso meio por inadvertência, ignorância. Quando o lixo entope os bueiros de escape fluvial, estamos provocando um caos na enchente que virá com a próxima chuva; ou seja, a toda ação corresponde uma reação.

Nosso conflito é uma realidade tão palpável como a água que bebemos, estamos permanentemente nos digladiando entre dois opostos, o feio e o belo, a verdade e a mentira, a luz e a escuridão ..., afastamos o desagradável: o feio, a escuridão a mentira, mas sabemos que sempre estarão presentes.

Até no linguajar quando nos referimos à verdade e à mentira, sempre colocamos o que nos é mais agradável como primeiro, dificilmente ouviremos dizer mentira e verdade, ou feio e belo, normalmente ouviremos entre o belo e o feio, assim também dizemos luz e escuridão e não o inverso.

O marginal se esconde na escuridão, o feio nos faz sentir depressivo, a mentira traz destruição moral. Ora, toda essa análise vai contra tudo o que julgamos de bom, agradável, que nos satisfaz e quando presente gera um distúrbio, um caos em nossa maneira de interpretar uma resposta, por estar indo contra aquilo que tínhamos padronizado como bom.

Parece um paradoxo falar sobre a Ética do Caos, como se fosse uma ética que possa existir como a existente entre os presidiários, mas não, ela se acha presente fazendo parte de nossa realidade cotidiana, temos medo de enfrentar aquilo que nos desagrada e quando isto acontece deixamos de enfrentar essa realidade, deixando solto um predador que nos obriga a nos esconder e quanto mais tempo passamos a enfrentá-lo, mais nos tornamos cativos, mais nosso raciocínio se nubla, deixando com que este assuma proporções muitas vezes de catástrofe.

Assim como a física quântica nos ensina que a partícula irá aparecer em algum espaço de tempo, assim sabemos que sempre o caos estará presente em algum tempo, o distúrbio é arte importante de uma nova geração de eventos, ora para mudanças sociais, climáticas, religiosas, ou simplesmente uma nova maneira de pensar.

Entre os opostos existe o que mais perto podemos entender de caos. Evitamos a escuridão, enaltecendo a luz.

Luz e escuridão, podemos interpretar como branco e negro, dois opostos que podemos entender embora o negro na cultura popular represente o que há de mal, o diabo assim é representado, já Deus é representado com uma intensa luz.

É possível que nesta forma cultural ocidentalizada, esteja a causa do nascimento do racismo, quando o negro vindo do continente Africano e possuidor de uma cultura voltada para o convívio da natureza, não possuindo a cultura do dinheiro nem da posse material, como nós a conhecemos e por estar desprotegido da tecnologia existente, foi escravizado, humilhado, torturado, morto, por causa de sua cor e por não conhecermos seu sentimento cultural, foi considerado sub-raça pela classe que dominava a tecnologia, pois quem possui a tecnologia tem o poder.

Até o presente momento faz parte de nossa cultura, por alguma minoria, o fato de um ser humano de raça negra ser inferior a outra raça, apesar da ciência ter explicado que a cor da pele negra se deve a uma maior produção de melanina na pele, proteína que serve para proteger a pele da filtração dos raios ultravioleta; uma maneira de adaptação que encontrou a natureza para defender-se desses raios prejudiciais quando expostos em demasia em nosso corpo. A melanina também dá a coloração de nossos olhos, ou seja, esta proteína protege o ser humano negro da exposição de raios ultravioleta, por causa da maior exposição existente do continente de onde são oriundos, como também a mesma proteína é responsável pelos olhos azuis dos indo-europeus.

Podemos dizer para os racistas que o negro está protegido contra o câncer de pele, tão comum na raça branca.

Essa cultura europeia que possuía no negro algo pecaminoso, no significado do pecado, inferno, maldade, quando descobre em outro continente por intermédio das viagens transoceânicas seres humanos de cor negra, apenas transfere para o negro o preconceito da cor que possuía em sua cultura principalmente religiosa.

Muito podemos escrever referente a culturas que são arraigadas, e pela falta de compreensão do ser que a traduz em algo desprezível, assim como quando dizemos direita e esquerda, a esquerda se torna nosso alvo da interpretação negativa. Até ontem quantos canhotos não sofreram a injustiça de uma cultura arcaica?

A ciência ainda não explica do porquê se nasce canhoto, existem muitas teorias, mas quando muitas teorias estão presentes menos se conhece, uma delas é com relação à genética, pais canhotos a chance de filho canhoto é de 30%, apenas um progenitor canhoto, a chance do filho ser canhoto é de 15%. Na população como um todo há 10% de canhotos, destes a grande maioria são homens, será que também entra a questão hormonal? Quando a ciência nos diz que o cérebro de um canhoto possui uma sutil diferença entre um hemisfério e outro, mas sem que isto altere o sistema orgânico do indivíduo, está nos dizendo que tanto o destro como o canhoto não possuem diferenças para justificar um comportamento cultural tão destrutivo como houve tempos atrás, quando se obrigava a criança canhota a usar a mão direita, por ser a mão esquerda a "mão do diabo".

Uma vez explicado, ou tratando de explicar de uma

maneira lógica através da ciência, que o fato de ser canhoto não implica em que esse indivíduo traga a maldade em seu âmago, nosso comportamento muda, mas antes que isto aconteça, muitos distúrbios foram causados para com aqueles que traziam em seu código genético algo normal, assim como são as cores de seus olhos.

Dois opostos, dois exemplos, podemos continuar dizendo mais a respeito: positivo e negativo, não dizemos negativo e positivo; amor e ódio, não dizemos ódio e amor.

Por sermos seres independentes com nossa cultura singular, que transferimos para uma cultura social e esta, em caráter universal, possuímos valores hierárquicos na colocação de prioridades por causa de nossa história em particular.

Me acompanhem a um raciocínio de fácil entendimento, para conhecermos de alguma forma as origens de um mau entendimento que gera o caos quando arraigados a uma cultura pétrea.

Entre o negro e o branco existe uma gama de cinza.

Permanentemente estamos transitando entre uma e outra coloração intermediária do cinza.

Se tomarmos como base uma cultura arcaica em que o preto é prejudicial, se possuirmos um ensinamento moral adequado a nossa vida social, se nossa história particular nos relata que nascemos de um berço religioso, se o poder econômico de nossos pais nos dá uma faculdade para nosso futuro, se neste futuro agora como presente somos bem-sucedidos em nossa profissão, se nos tornamos bons cônjuges dentro do convívio social exigido, se para nossos filhos damos o melhor ensinamento moral.

Estamos construindo uma história particular, estamos construindo uma cultura própria, estamos criando valores, que devem ser hierarquizados conforme nossa estrutura, podendo ser em primeiro lugar o religioso, seguido pela harmonia social, enfim cabe a nós hierarquizar nossa estrutura como pessoa, pois apenas nós sabemos o que queremos, e este saber está no maior grau de satisfação que possuímos quando nos defrontamos com a nossa própria história particular.

Em algum lugar do cinza depositamos nossa escala de valores, procurando estar mais perto do branco.

Por outro lado, se nascemos em um local miserável, onde valores da sobrevivência, como a alimentação, são preponderantes por causa da fome, onde o líder que admiramos é o traficante de droga, onde temos que vender a droga armados e matar é uma questão de sobrevivência, isto faz parte de nossa história, em algum lugar o cinza está hierarquizado, podemos dizer em relação ao anterior que está mais perto do negro.

Nossos "amigos morais" estão dentro de nossa gama de cinza e suas adjacências, mas quando essa gama de cinza se distancia, não mais consideramos "amigos morais" aqueles que se encontram fora de nossas fronteiras.

Identificamo-nos com quem está próximo do que hierarquizamos, e afastamos tudo aquilo que está longe dos valores que achamos como verdadeiros, buscando desculpas na não aceitação. É aqui que o distúrbio, o caos está pronto para entrar em cena como protagonista.

As desculpas são inúmeras: pessoais, políticas, sociais e assim por diante, não admitimos ninguém que esteja fora de nosso círculo, sabendo muitas vezes que tal atitude de rejeição pode levar (e quase sempre leva) ao conflito.

Enclausuramo-nos em nossa história, sabemos a grande maioria das vezes o resultado desse conflito, mas preferimos ficar a observar o que acontece, criticando aqueles que deveriam fazer e não fazem; criticamos sentados em uma mesa de bar, criticamos, criticamos, criticamos, a questão é, o que eu posso fazer? Não sem antes esquecer que "ao terminar o jogo o rei e o peão voltam para a mesma caixa" (provérbio italiano).

Sim, o que podemos fazer? O que devemos fazer?

∴

Os opostos não se atraem, se distanciam. Devemos reconhecer em que graduação de cinza nos encontramos. Devemos usar nossa inteligência para a ação, só aquilo que praticamos tem resultado. Devemos revisar sempre nossa história.

VII – PRÓLOGO PARA OS VÍCIOS

Continuando com a questão da dualidade, podemos observar que nossos pensamentos, nossa forma de vida, se resumem a compreender essa dualidade, tratando de viver conforme os pensamentos morais e éticos que trazemos conosco e estão imbuídos no transcorrer de nossa história.

Toda virtude tem seu vício, posto que não existiria virtude se não houvesse uma comparação de algo contrário a ela, assim, a antítese da virtude é o vício. Sempre existe os dois lados da moeda. Sidarta Gautama, o Buda, nos diz o mesmo: "*Onde existe luz, existe sombra*".

Deus e Lúcifer, os dois maiores antagônicos na cultura judaico-cristã, se existisse apenas Deus, não haveria necessidade do pecado, posto tudo seria virtude, mas como reconhecer o bem se não temos alguma coisa com que compará-lo?

Como poderemos ter um conceito moral se não conhecermos o outro lado da moeda para poder comparar? O fato de sermos pessoas que pelos padrões éticos existentes em uma sociedade podemos chamar de bom, é porque existe outro indivíduo que chamamos de mau, usando os mesmos padrões de referência.

Os antigos filósofos, como os recentes, e certamente os que virão, fazem da moral o escopo de seus ensinamentos, somos indivíduos morais, com o significado restrito de bom. Contestando Hobbe, em que este coloca o indivíduo de um posicionamento diferente, quando se refere que o ser humano antes de qualquer coisa é uma pessoa perigosa, por estar o mal imbuído nele, podemos dizer também que o bem que trazemos dentro de nós também faz parte de nosso aprendizado.

Quando nascemos vivemos em dois mundos, o primeiro é o mundo da proteção, pois somos extremamente frágeis, e necessitamos do básico para nossa sobrevivência que nos é fornecido por nossos genitores; o segundo aspecto de nossas vidas é que somos seres guiados pelo instinto, principalmente o **instinto da sobrevivência**: choramos quando temos fome, choramos quando sentimos dores, choramos quando nosso ambiente não é aquele ao qual estamos acostumados, choramos quando não reconhecemos a pessoa que nos segura no colo, choramos quando sentimos sono. É nossa primeira arma de defesa perante as adversidades.

Mas isto já está inculcado em nossas lembranças intrauterinas, ao reagirmos de maneira desfavorável quando algum acontecimento externo é desagradável: mexendo-nos quando ouvimos sons estridentes, no desconforto de nossa mãe, nas discórdias existentes transmitidas até nós por reações físico-químicas que captamos do corpo de nossa mãe e que nos são enviadas via cordão umbilical. Por outro lado, quando sentimos tranquilidade o sistema hormonal de nossa mãe nos transmite a sensação de bem-estar.

Nosso aprendizado começa intra-útero, mas há algo

que nos desperta perante o bom e o mau, sabendo diferenciar o que queremos e que nos faz bem. Já faz parte de nós a diferenciação de um e do outro, quando estamos sentindo bem-estar existe uma relação direta com o bem-estar de nossa mãe, nossa reação é de tranquilidade, quando choramos, quando criança (o choro do adulto pode ser também por felicidade), é nossa reação, de um instinto de sobrevivência. Quando estamos com poucos meses de vida e rimos, é porque algo agradável estamos sentindo.

Podemos dizer que em algum lugar de nossa mente existe algo que diferenciamos como bem ou como mal e o manifestamos através de reações que nos fazem entender: no choro preocupando o adulto que nos assiste, no riso, quando estamos sastifeitos e felizes.

Contudo, seja na fase instintiva que nos fazemos entender, usando nosso corpo como expressão de sentimento (riso, choro), na medida em que o tempo passa começamos a modelar nossos pensamentos perante a exigência de uma sociedade como um todo, temos valores de juízos, construídos por intermédio de nossa história, daquele feto que recebeu bem-estar, com conversas benevolentes transmitidas via corrente sanguínea, servindo de ponte o cordão umbilical, ou daquela que pelo contrário quando sentimos desconforto em situações adversas intrauterinas como o abortar por exemplo, numa rejeição consciente, mas que se transmite a seu concepto.

Quando criança a observação se faz presente: o indivíduo usa seus cinco sentidos para começar um aprendizado singular, próprio, intransferível, mas modulado conforme a sociedade em que está inserido, e assim tem que ser, devido este *ser* já ter experimentado o mal-estar de um instinto que se fazia presente e que foi o primeiro contato como indivíduo com a sociedade com a qual caminha.

Bem e mal, sentido intrauterino se conjugam mais tarde com sobrevivência. No uso do instinto de chorar para sobreviver à fome, estamos experimentando o mal, por outro lado o aconchego da mãe em seu regaço, estamos experimentado o bem. E assim começamos a reconhecer que o bem é agradável, o mal pelo contrário é perturbadoramente desagradável.

Em algum lugar de nosso cérebro guardamos o significado da sensação do mal-estar quando tínhamos fome, quando sentíamos dor, essa interpretação faz parte de nós através de sensações de quando, não estando satisfeito, algo desagradável está acontecendo e imediatamente tratamos de nos afastar daquilo que causa em nós sensações de euforia negativa.

Somos movidos a sensações, somos um produto final físico-químico, em que primeiro experimentamos a sensação, o que entra em nossos sentidos de uma forma elétrica viajando por nossos neurônios (físico), para depois por intermédio de reações químicas que viajam em nosso sangue como transmissores, traduzirmos em sentimentos, para mais tarde conforme nossa história a racionalizarmos, feito isso dizemos a palavra mágica: **porque**.

Antes de racionalizar começamos a usar embrionariamente o significado de **moral**, a sensação de bem-estar, quando entra via sentidos: olfato, tato, visão, audição e paladar, nos sentimos bem quando o interpretamos no sentimento de ser agradável, assim aprendemos a racionalizar o agradável, construindo uma série de pensamentos que se traduzem em ações, continuando com sentimento de bem-estar, transformando esse bem-estar em algo também agradável para nosso convívio social, formando assim uma Ética que servirá como base para quilo que me diz ser bom para o grupo social como um todo no qual estamos inseridos.

Quando tomamos consciência de nossos atos e começamos a nos questionar quem somos, e do porquê aqui estamos, obtemos como resposta a estas idagações, mais uma indagação: o que é real? Ouspensky P. D. nos diz: "*La existencia del mundo en que vive; y la existencia de la conciencia en el mismo*"[15] (A existência do mundo em que se vive; e a existência da consciência no mesmo). Ou seja, é real aquilo que meus sentidos captam externamente, ou será apenas real aquilo que minha consciência me dita?

Entramos na questão filosófica, afinal o que é real? Como posso pautar minha prática Ética em algo que não sei se realmente existe? Desde a antiguidade os filósofos se têm debruçado para esclarecer tais conceitos com a filosofia do Idealismo. Para Platão, o que chamamos de realidade externa não existe, o que existe é a realidade espiritual, a matéria (o externo), é ilusória; Berkeley (1685-1753) se posiciona através de um idealismo materialista em que os objetos se reduzem a ideias de quem os observa; já para Kant (1724-1804), a interpretação de um objeto está na dependência direta da interpretação do sujeito, do conhecimento (cognoscível).

Kant diz:

> *Não esperavam poder demonstrar apoditicamente (o que*

> *é evidente, irrefutável) a realiade absoluta do espaço porque se lhes contrapõe o idealismo, segundo o qual a realidade do objeto externo não é suscetível de nenhuma prova rigorosa; ao contrário, a realidade dos objetos de nossos sentidos internos (de mim mesmo e do meu estado) é imediatamente clara pela consciência. Aqueles poderiam construir uma pura ilusão, mas este é, segundo a sua opinião, algo inegavelmente real*[16].

Adiante continua:

> *A diferença entre uma representação confusa e uma clara é apenas lógica, não tendo nada a ver com seu conteúdo.*

Portanto, cabe a cada um sua interpretação da realidade.

Kant admite que o objeto a ser analisado apenas se torna claro quando nossa consciência o analisa. Os Céticos, no terceiro século antes da era cristã, já manifestavam que a verdade não existe, parte do princípio de que o objeto em questão ao ser analisado por nossa consciência é diferente de quem o analisa, por entrar na análise muitos requisitos em diferentes estágios em que se encontra o analisador. Enesidemo, filósofo Grego do século I antes da era cristã, enumera dez condições do porquê a verdade não pode existir. Citaremos alguns desses enunciados: o estado de ânimo em que se encontra o observador, disposição do objeto, sensações do observador, história de cada indivíduo e assim por diante.

Mas estas são discussões filosóficas, lições de aprendizado do que é o ideal, na concepção de nossas ideias para construir uma realidade, mas essa realidade depende unicamente de nosso aprendizado cognitivo, pois nossa história como ser humano é diferente da história de quem está a meu lado, assim como o é sua carga genética. Podemos dar interpretações diferentes a um objeto externo, dependendo de nossa carga intelecto-cultural, de nossa história social, enfim do que somos, como seres singulares.

Partindo deste princípio em que nossas ações são decorrentes para estar de bem com um complexo social ao qual pertencemos, podemos contestar tal fato quando diz respeito ao marginal, o bandido deve também praticar ações que o beneficiem, ou seja, agradável para o grupo ao qual pertence? Pode-se chamar isto de ética?

A ética é composta de uma pluralidade social, como seja: a ética do feminismo, utilitarista, profissional, ecológica; quando nos referimos a uma dessas éticas em particular num determinado agrupamento social, estamos individualizando as características de tal agrupamento, assim o bandido pode estar desempenhando uma ética para com a individualização do grupo ao qual pertence, por outro lado as ações deste indivíduo não são moralmente aceitas, devido este ter que se esconder, pelos atos praticados contra uma sociedade que tem um padrão moral, e como tal condena por intermédio da lei coercitiva, solapando a iniciativa que prejudique o convívio social.

O fato de o indivíduo estar praticando um ato amoral, não necessariamente é um indivíduo antiético na comunidade onde exerce seus atos primordiais.

O racionalismo pode levar este indivíduo a criar um senso de justiça contrário àquilo que normalmente pode ser considerado como "normal", racionalizando primeiro: "não é justo outros terem um padrão de vida melhor por terem nascido em berço de ouro e eu, que me criei na miséria, ter que suportar meu modo de vida, tenho também que adquirir aquilo que não tenho de outra forma nem que seja pela força", justificamos primeiro, para criar uma sensação de bem-estar e assim praticar ações decorrentes de uma justificativa racionalizada.

VIII – QUATRO VÍCIOS

Nossos pensamentos mais importantes são
os que contradizem nossos sentimentos.
Paul Ambroise Valéry

Nessa introdução para o que vem a ser o que denominamos de virtude e vício, sempre perene em nosso pensamento, observamos que o vício é um distúrbio que começa na introdução de algo desagradável, uma perturbação que a transformamos em caos, quando não sabemos manipular sua história.

Rafael, *Raffaelo Sanzioa* (1483-1520), pintura das quatro virtudes cardeais, *Stanza della Segnatura.* Vaticano
Figura 7

Existem muitas definições de virtude, vamos tomar aquela que há muitos séculos Aristóteles a definiu de uma maneira simples e que abrange todo um conceito: "É uma disposição adquirida de fazer o bem".

Assim como existem muitas definições de virtudes, há também muitas formas de virtudes com suas respectivas classificações.

Como nosso objetivo não é entrar no campo específico das virtudes, de maneira global, tomaremos emprestado o que os filósofos denominam as quatro virtudes cardeais (palavra latina *cardinis*, ou gonzo, em torno do qual gira a porta), virtudes que podemos chamar de maiores, são elas: justiça, temperança, fortaleza e prudência.

A IMPRUDÊNCIA COMO ENSINAMENTO PARA A PRUDÊNCIA

A busca da verdade nos leva a muitos caminhos quando tomamos como ponto de partida a **irreflexão**, quando não tendo conhecimento de causa, tomamos decisões que muitas vezes nos levam ao desastre já esperado pela falta desse conhecimento, a irreflexão que está estritamente ligada a nossos pensamentos, aquilo que possuímos como conhecimento, quando da maneira de agir isto pode nos levar a decisões imprudentes, por causa do desleixo, ao sermos negligentes quando levamos nosso raciocínio a não conhecer todos os atos implicados em nossa decisão impensada, ou de pouca reflexão; gerando um caos que poderíamos ter evitado.

Prudência
Figura 8

Boas intenções, boa vontade, buscar o melhor, isto não é suficiente quando temos que tomar decisões provenientes de conflitos, quando estamos à procura de uma verdade, esta verdade pressupõe um conhecimento da realidade. Decisões que irão advir de uma conclusão precipitada, serão acompanhadas também de erros e com isto maiores conflitos.

A busca de substratos para uma tomada de posição, é uma busca da verdade para fazermos melhor juízo daquilo ao qual estamos impondo nosso raciocínio. Isto é o que nos alerta quando dizemos que alguém é prudente, posto que esta pessoa toma decisões, elaboradas de um raciocínio bem pensado de prós e contras, deixando muitas vezes convicções pessoais, em detrimento de algo maior, onde o todo está sendo mais benéfico do que as partes egoístas de um pensamento inconstante e portanto volúvel, quando no juízo segue mais as paixões que o bem maior.

O querer agir bem é a prática da **prudência** sendo, portanto, a "a arte de decidir-se para agir corretamente", é a cautela no pensar para agir que nos torna prudentes, exercendo um ato de maturidade moral, pois estamos deixando de lado riscos desnecessários que quando não bem reflexionados, poderão gerar um caos em nossas decisões, principalmente quando afetam um grupo social determinado.

Não confundamos cautela com covardia; a cautela nos leva a um raciocínio que poderia evitar um mal, porém muitas vezes essa mesma cautela pode se tornar sinônimo de covardia. Quando após uma reflexão chegamos à verdade ante algo previamente dito ou feito, preferimos não divulgar acreditando que isto nos atingirá de maneira negativa, embora intimamente estejamos convictos de que é a verdade. No jargão popular seria "ficar em cima do muro", nem lá nem cá.

As melhores soluções que tomamos por intermédio de nossa inteligência, fazendo juízos de valores, onde os desprendimentos de conceitos passionais e egoísticos os deixamos de lado para um bem maior; quando refletimos que tais pensamentos por nós julgados são os adequados para uma ação que irá enobrecer nossos atos; onde procuramos os melhores meios para um bem moral; isto é a antítese da imprudência, se agirmos ao contrário dessa reflexão, com pouco juízo, com passionalismo e pouco reflexivo, certamente estaremos sendo os causadores de um caos, por ser em última instância a desarmonia de algo que irresponsavelmente julgamos como verdade, para alcançar um benefício próprio, ou simplesmente negligenciando um julgamento de nossas ideias sem maior aprimoramento de caráter.

O QUE A INJUSTIÇA NOS ENSINA

Desde a mais remota antiguidade nos deparamos com conceitos que visam o equilíbrio para uma convivência social adequada e sem conflitos, criando normas e estabelecendo formas para a qual nossas ações devem estar em consonância conforme os ditames dos bons costumes, para uma boa convivência social.

Justiça
Figura 9

Reportando-nos às mais antigas formas de normatização para um melhor equilíbrio social, em primeira instância do poder estabelecido para dar conforto àqueles que não são privilegiados quando minoria. Hamurabi, sexto rei da Babilônia, no 18º século antes da era cristã, encaminha a seus súditos um conjunto de leis a serem obedecidas, inclusive com penalidade até para aquele que julga (juízes), se porventura houvesse erro em seu julgamento:

> *5º "Se um juiz dirige um processo e profere uma decisão e redige por escrito a sentença, se mais tarde o seu processo se demonstra errado e aquele juiz, no processo que dirigiu, é convencido de ser causa do erro, ele deverá então pagar doze vezes a pena que era estabelecida naquele processo, e se deverá publicamente expulsá-lo de sua cadeira de juiz. Nem deverá ele voltar a funcionar de novo como juiz em um processo"*[17].

Ou seja, ninguém está por cima da lei.

Certamente uma sentença judicial mal proferida, sem

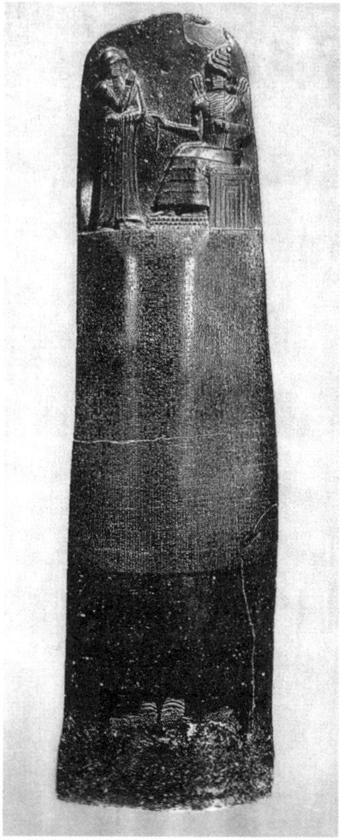

Museu do
Louvre, Paris
Figura 10

observações de normas que inspirem mudanças sociais, todavia este (juiz), se posicionado dentro de leis anacrônicas, por não serem reais em uma sociedade em constante transformação, é sem dúvida um dos motivos de injustiça, por não levar em conta a flexibilidade dessa sociedade em evolução permanente, contra a rigidez de escritos ou leis muitas vezes ultrapassadas e sem significado, o que outrora veio a ser tal lei motivo de harmonia, nos dias que se pronuncia alguma sentença baseada nessas leis, acarreta uma perturbação social, quando tal sentença não está de acordo com a maioria do pensamento dessa sociedade que evolui.

Essa maneira de atuação na rigidez das leis observadas em códigos ultrapassados é sem dúvida uma injustiça, todavia o embasamento esteja certo, mas se existe a pessoa do juiz, para julgar procedimentos, é esta pessoa que tem o poder de **interpretar** a lei e para tal dar justificativas do porquê de tal decisão. Thomas Hobbe nos diz: *"Escritas ou não, todas as leis têm necessidadade de interpretação"*.[18]

Quero aqui lembrar os dizeres do ex-Primeiro Ministro da Inglaterra Tony Blair, quando pronunciou uma sentença de grande relevância: *"Poder sem princípio é perigoso. Ter princípio e não ter poder é inútil"*. O Juiz tem poder.

Se estivermos imbuídos de autoridade para julgar ações de outros, devemos também ter o bom-senso de que tudo evolui, assim, se possuímos o poder de julgar, tal poder está precedido de princípios morais em que o indivíduo tem que exercer suas funções para não tornar "inútil" esse poder. Por outro lado, o poder não significa o mando incondicional, isto é obra para os déspotas, os tiranos, que possuem um poder viciado pela força, poder de exercer determinadas funções significa ter a **prudência** de saber exercê-lo sempre visando à harmonia social.

Mas a questão da justiça *versus* injustiça não está enquadrada apenas no poder de executar. Filósofos nos traduzem de maneira simples o significado de justiça: "Dar a cada um o que é devido". Esta frase traduz verdades e ao mesmo tempo perguntas: O que vem a ser o que é devido? Posso dar o que é devido mesmo indo contra meus princípios, sabendo que esse **dar** vai contra aquilo que acreditamos?

Basta a observância da moral e a ética para embasar um julgamento?

A questão está entre o que dizem os ditames, o que está escrito em normas, ou naquilo que a lógica nos faz ver de uma maneira diferente ao que a lei escrita nos manda para fazer justiça, em que muitos poderão encontrar ilógico, mas quando dizemos que a pessoa tem o poder para **interpretar** a lei, o ilógico pode tornar-se um bem.

Nietzsche em seu livro *Humano, Demasiado Humano*, nos transmite uma ideia apropriada para o que estamos a dizer:

> *Entre as coisas que podem levar um pensador ao desespero figura o reconhecimento de que o ilógico é necessário para os homens e do que do ilógico resulta muita coisa boa.*[19]

Muitas vezes a injustiça presente em nosso meio não é nada mais que a própria evolução de uma sociedade que aspira ao bem. Trabalhar essa injustiça nos leva a recompor uma nova ética social, desde que essa "injustiça" seja aceita pela grande maioria da sociedade. Assim se reparam injustiças com o passar do tempo onde antes eram normas. A seguir alguns exemplos: o devolver a esposa aos pais da noiva se o marido constatava na primeira noite de núpcias que a mesma não era mais virgem, o direito que o homem tinha de matar a adúltera para lavar a honra, o casamento religioso proferido pela igreja católica romana era o casamento que tinha validade perante o estado e assim por diante.

A injustiça serve de parâmetros para a justiça, só podemos fazer justiça se a equidade estiver presente entre um julgamento e essa equidade está muito bem representada pela pintura de Rafael (Figura 8) alusiva para este capítulo, a justiça portando na mão esquerda a balança para pesar as ações e a espada na mão direita, como símbolo do poder a qual representa.

ENTRE O MEDO E A OUSADIA

Entre o medo e a ousadia encontramos a Fortaleza (Figura 11); ambos, medo e ousadia, quando bem trabalhados pela razão antepondo-se às emoções surge a fortaleza.

O medo transformado em falta de coragem e a ousadia em audácia, são ambos resultantes dos extremos que muitas vezes temos que lidar e lutar para que as emoções não assumam de maneira preponderante sem o conhecimento da razão, as ações que transformar-se-ão em caos pela falta de discernimento racional.

Fortaleza
Figura 11

O medo é uma forma de defesa que trazemos gravado em nossa consciência, por intermédio da experiência, quando traduzimos determinados estímulos externos como algo a ser evitado ao máximo por causar dor, desconhecimento, ou em sua forma mais violenta a morte. É ter consciência de um sentimento desagradável ao perceber um perigo imaginário ou real.

É a emoção do instinto de sobrevivência de maneira inconsciente. O indivíduo quando sente medo, responde a este sentimento de maneira eficaz, sendo isto, portanto, uma situação normal que todos possuímos; mas quando o medo se manifesta de tal maneira que nos deixa sem reação e, a cada minuto que passa aumenta essa sensação nos deixando impotentes, podendo nos levar ao pânico, este medo pode ser considerado patológico, desde que seja imaginário.

Não é o mesmo pânico que sentimos com um revólver apontado em nossa cabeça, pois este é real daquele que supostamente, assim o imaginamos, o indivíduo irá sentir por um revólver na cabeça.

Pavor, receio, fobia, terror, pânico, espanto, horror, são palavras a mais que usamos e caracterizamos dependendo do grau de medo que experimentamos. Quando dizemos espanto, traduzimos tal sentimento de maneira diferente de fobia; o primeiro é uma reação normal a determinado estímulo que não estava de acordo como nossos sentimentos: conhecer um fato que nunca imaginou que poderia ter acontecido. Falar em pânico denota um grau de patologia que, quando apresentado ao indivíduo ele reage da mesma forma apenas para aquele estímulo: terror de lugares escuros, altura, quartos fechados, etc., que pode também ser traduzido por fobia, quando diagnosticado a pânico repetitivo perante um estímulo extremo.

O medo de determinada coisa, quando não processado devidamente por nosso sistema límbico (zona no cérebro capaz de regular os sentimentos de luta, fuga, evitando a dor, entre outros), pode gerar diferentes graus de reações, que se manifestam externamente, na configuração de nosso rosto, e por uma série de reações bioquímicas, que fazem com que nosso organismo esteja preparado para o pior, a saber: aumento da pressão arterial, a movimentação do sangue para órgãos nobres (por essa razão ficamos com a pele pálida e fria, já que o cérebro não a considera como órgão nobre nesse instante), aumento das batidas do coração, nossa face se transforma com contrações musculares no rosto, enfim, há uma resposta do organismo à sensação do medo, e tal resposta será mais ou menos agressiva conforme o grau do medo ao qual estamos nos expondo.

Experimentar a sensação de medo pessoal ou mesmo coletivo (o fim do mundo chegará no ano 2012, como preconizam os estudiosos da cultura Maia baseados na interpretação do seu calendário, por exemplo), gera um distúrbio, um caos em nossa mente, esse caos pode perpetuar-se e agravar-se conforme o caráter de cada indivíduo.

O Medo patológico como as fobias, é de difícil compreensão e está ligado ao campo médico. Aqueles outros que podem ser trabalhados nos dão um ensinamento excelente para nossa vida. Podemos dizer que se superamos o medo de baratas, por exemplo, por intermédio de ações repetidas de aproximação e, se chegamos a pôr o pé em cima de uma delas, certamente superamos esse medo e poderíamos trazer tal atitude que estaria no grau de horror, terror, para um grau menor ou receio, até chegarmos à superação do próprio medo.

O saber controlar o medo de maneira consciente nos leva ao **fortalecimento** de nossos pensamentos e ações, por estarmos usando mais a razão em detrimento da emoção.

O medo não é sinônimo de covardia, pelo simples fato de que o sentimento de medo pode nos levar a duas reações opostas: ou nos encolhemos e nada fazemos, apenas sofremos ou, por outro lado, cometemos ações impensadas desencadeando atos que em nossa forma normal não conseguiríamos realizar. Assim se transformam alguns heróis, transformando o medo em ousadia.

Ao dizermos que fulano é uma pessoa ousada, podemos interpretar tal atitude como sinônimo de valentia, audácia, coragem.

A audácia está diretamente ligada aos valentes, intrépidos, corajosos, sendo seus contrários: os pusilânimes ou covardes.

O indivíduo corajoso também atua conforme estímulo externo, enfrentando aquilo que, por natureza, outras pessoas o tratariam de maneira diferente como cautela ou às vezes medo.

Este indivíduo leva como característica do seu caráter a explosão exacerbada de agressividade perante um estímulo; outras pessoas não dão tanta importância, se acovardam, ou simplesmente aprendem a ser prudentes.

O fato de sermos às vezes audaciosos, ousados, nos coloca como agressivos, seja em palavras ou ações físicas, mas o fato dessa agressividade se encontrar fazendo parte de nosso caráter nos torna a pessoa que somos, com nossas ambiguidades.

O fato de sermos audaciosos nos leva a tentar mais uma vez uma fórmula de hierarquização dessa audácia, senso. O que devemos cultivar é uma audácia reflexiva, racionalizada.

Ser forte não tem aqui um significado de força física, tem sim o significado de **fortaleza**, usando os meios que se nos apresentam em conjunto com o bom-senso, tratando de equilibrar nossas ações nem agressivas demais nem passíveis em demasia.

Quando nos aproximamos dos extremos, estamos invariavelmente entrando num caos, que pode tornar-se perigoso, se insistimos em nele permanecer.

O aprendizado está na reflexão de utilizar aquilo que fizemos e não gostaríamos de ter feito, sendo passivos ao extremo que gera o pavor, o medo ou, por outro lado, sermos audaciosos ao provocar muitas vezes ações irresponsáveis que venhamos a nos arrepender mais tarde.

Tudo é uma questão de aprendizado. Galileu Galilei nos deixou uma sentença interessante que passo a mencionar: "Não se pode ensinar nada a um homem... só se pode ajudá-lo a encontrar a resposta dentro de si mesmo", ou seja, está em nós sempre a resposta, e esta resposta se acha praticável quando invocamos a mudança para não continuar da maneira que somos. Trabalhando o bom-senso, estamos nos **fortalecendo**, estamos sendo realmente seres humanos com a razão por excelência se antepondo à emoção.

O INDIVÍDUO JUSTO, PRUDENTE, FORTE, É UM INDIVÍDUO QUE POSSUI A VIRTUDE DA TEMPERANÇA.

Ao usarmos os adjetivos: sóbrio, moderado, comedido, estamos dizendo que esse indivíduo possui **temperança** (figura 12).

Esta virtude nada mais é do que somos quando justos, prudentes, e usamos para manter essa justiça e prudência a força que temos dentro de nós para mudanças em nosso caráter.

Temperança
Figura 12

O equilíbrio que o ser humano busca, em primeiro lugar dentro de si mesmo, ajudado pelo "querer mudar".

Estamos constantemente sendo policiados por nossa consciência, não há pessoa mais infeliz do que aquela que diz: "*Não posso mudar, não consigo mudar, não quero mudar, eu sou dessa maneira, é minha natureza*".

A alegoria do escorpião e a rã retratam bem esse indivíduo.

Conta-se que um belo dia o escorpião, a caminho para sua toca, encontra um riacho à sua frente, e por não saber nadar, conversa com a rã a seu lado para pedir-lhe que fizesse o favor de ajudá-lo a passar o riacho; a rã lhe responde que não o faria, porque o mesmo iria ferrá-la com seu ferrão e ela morreria, ao que o escorpião lhe responde, não posso fazer isso, pois seria estupidez de minha parte, enfiar meu ferrão, se estou em cima de suas costas, o meu veneno iria matar a ambos. A rã com esse argumento de uma excelente lógica concorda em levar o escorpião em suas costas para fazerem a travessia. No meio do caminho a rã sente uma agulhada em suas costas e prontamente sabe que só poderia ter sido o ferrão do escorpião que a atingiu. Você me perfurou com seu ferrão, indaga a rã, ao que o escorpião responde, sim, mas por que você fez isso a rã pergunta, ao que o escorpião lhe responde, desculpa mas é de minha natureza.

Nessa alegoria está representada a morte por estupidez, nos ensinando que se insistimos com o que somos, sabendo do prejuízo que isso representa, para conosco e a sociedade em que estamos inseridos, invariavelmente estamos criando um vício (do latim "*vitium*", que significa "falha ou defeito" oposto à virtude). O vício é um mal repetitivo que nos leva à prisão mental, quando cada vez mais praticado nos leva à deterioração como ser humano, criamos um caos dentro e em torno de nós.

A **temperança** não é nada mais que o equilíbrio que temos de ter, para sermos os eternos buscadores da felicidade, pelo fato de aqui estarmos para encontrar e exercer essa felicidade, apesar que muitos poderão contestar se o masoquismo é também felicidade, ao que respondo: sim, aqueles que usam da dor infringida por eles mesmos ou por outrem, para encontrar satisfação como prazer, sim, estes também buscam a felicidade, apesar do hedonismo que querem alcançar.

∴

Medo, injustiça, imprudência, quando diagnosticados, deve-se buscar o equilíbrio através da temperança, cultivá-la dentro de nós é a forma de minimizar ou abolir o caos.

IX – DUAS ALEGORIAS QUE EXALTAM A DOR

Não creio que Deus queira que sejamos exatamente felizes,
que sejamos capazes de amar e de sermos amados,
quer que mudemos, e por Deus nos amar nos concedeu o dom de sofrer;
dizendo de outra maneira: a dor é o megafone que Deus utiliza para despertar aos surdos; por sermos como pedra bruta,
em que o escultor vai esculpindo formando a figura de um homem,
a golpe de cinzel que tanto dano pode nos fazer,
também nos fazem mais perfeitos.
Clive Staples Lewis

A partir do Caos tudo se forma, traçando caminhos muitas vezes escuros e sempre de proporções ciclópicas ou não. A partir do Caos se forma o panteão tão rico como é a mitologia grega.

Conhecer o Caos nos primórdios, quando esta palavra foi usada pela primeira vez para designar algo imensurável, cósmico, incompreensível para a mente humana, para tratar de explicar por uma lógica a imensidão do éter amorfo; os gregos legaram-nos e para torná-la lógica usam diferentes alegorias, também de uma "lógica", ilógica, como é a simbologia que através dos séculos continua em voga em nossos dias. É o que veremos a seguir com duas dessas alegorias mitológicas.

FÊNIX

Na Mitologia a Fênix (figura 13) é uma ave da mitologia grega e egípcia de tamanho semelhante a uma águia, de crista brilhante, penas de cores exuberantes, de cauda branca e olhos muito brilhantes.

Vivia por 500 anos no deserto morrendo por autocombustão e renascendo das próprias cinzas. Habitava no deserto. Nossos ancestrais tinham o sol como sagrado, o fogo dessa autocombustão era interpretado como a própria vida. O renascer perante a morte.

Não apenas os antigos a tinham representada em seus templos, na atualidade sociedades secretas a têm como símbolo do Iniciado, quando o Neófito ingressa a fazer parte destas associações como na Maçonaria.

Os antigos cristãos a tinham como emblema do Cristo que morre para ressuscitar três dias depois. Para os Alquimistas simbolizava o renascer espiritual, símbolo da imortalidade, a Pedra Filosofal.

Desde a antiguidade tem sido o poder do renascimento e da purificação, pelo motivo que o fogo tudo purifica, sendo o último elemento purificador após a água nas antigas iniciações.

Esta ave representa o renascer de um novo dia e por

Fênix
Figura 13

extensão o renascimento do homem espiritual, morrer para a vida profana para renascer na luz de um novo dia, de um novo ser espiritualizado.

Representa a transcendência, os valores que cada ser humano tem que enfrentar, renascendo constantemente, quando muda de ideia, representa o renascer para uma nova forma de ser e ver a vida, quando diz não às tentações que vão contra a ética e a moral, quando se transforma em outro ser aceitando os desígnios da mudança.

Quando isto acontece não é de fácil aceitação, posto que valores, ideias, formas e ações que faziam parte de nós e estamos exigindo mudanças, simbolicamente estamos morrendo, estamos enterrando ou imolando ideais anacrônicos, para substituí-los por novos conceitos.

PROMETEU

Conta também a mitologia que existiu *Prometeu* (figura 14) filho de *Jápeto* e *Clímene*. Um dia *Prometeu*, fazendo uma oferenda para *Zeus*, o deus todo poderoso do

Prometeu acorrentado (Valeria Pires)
Figura 14

Olimpo, queima em sua honra apenas ossos e gorduras, deixando a melhor parte do animal sacrificado para os humanos. *Zeus,* sabendo que estava sendo ludibriado, vingando-se de *Prometeu,* condena os humanos privando-os do fogo. Mais tarde, novamente, *Prometeu* enganando *Zeus,* consegue roubar-lhe o fogo e devolvê-lo para os mortais. Por esta ousadia *Zeus* condena *Prometeu* a ser acorrentado, e suportar o flagelo de uma águia que diariamente come o fígado permanentemente renovando-se[20].

Os gregos tiveram a qualidade de fazer seus deuses semelhantes com o ser humano (antropomorfismo), onde a mentira, a traição, a covardia, a vaidade, o orgulho, o ódio, o amor, se confundem, apenas se diferenciando da questão humana, porque o castigo era exageradamente tão grande quanto os deuses que podiam suportá-lo.

Dessas duas alegorias, podemos decifrar os ícones e símbolos para uma melhor interpretação do Caos; todavia, seja de uma maneira novelesca, mas de aspecto interessante, porque de uma coisa nós não podemos fugir, que é de símbolos que trazem até nós uma ideia, assim como o símbolo da cruz pode representar muitas ideias, dependendo do contexto em que estamos inseridos: se cristão, imaginamos o suplício de Cristo, pode também representar o mundo transcendente na linha vertical, ou mundano na linha horizontal, pode também representar os quatro pontos cardeais e assim por diante.

Mircea Eliade em seu livro "O Sagrado e o Profano", 2001,[21] assim se manifesta:

> *O mito revela a sacralidade absoluta porque relata a atividade criadora dos deuses, desvenda a sacralidade da obra deles. O mito descreve as diversas e às vezes dramáticas irrupções do sagrado do mundo. Por esta razão, entre muitos primitivos, os mitos não podem ser recitados indiferentemente em qualquer lugar e época, mas apenas durante as estações ritualmente mais ricas (outono, inverno) ou no intervalo das cerimônias religiosas numa palavra, num lapso de tempo sagrado.*

O deus Caos é um deus andrógino, a primeira divindade que surge no universo, e para os gregos representava uma força criadora, mais tarde o poeta Ovídio o transforma para a desordem.

Como os gregos ainda levamos em nossa mente o conceito de caos, como algo amorfo, inexplicável, algo que queremos afastar de nossa mente por ser incompreensível ou pecaminoso, horrendo; por outro lado é do Caos que tudo

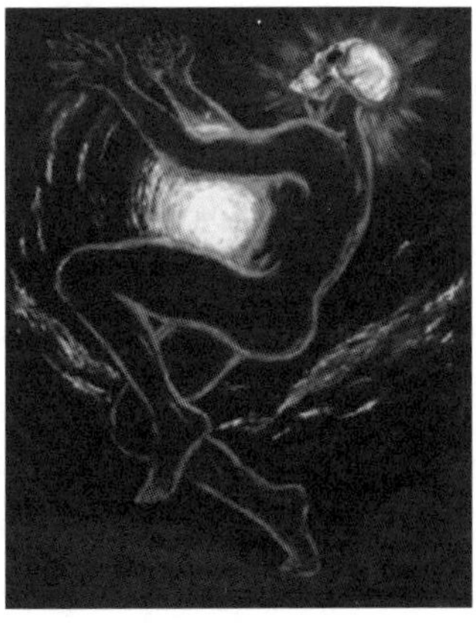

Alegoria de Caos.
Autor desconhecido
Figura 15

se origina, é o primeiro ser do panteão da mitologia grega a nascer, e dele nascem a deusa Noite com seu irmão Érebo, da união sexual de Noite com Érebo, nascem o Éter (ar) e Hemera (luz), ambos de importância fundamental para a sobrevivência do ser humano.

A noite persiste em nossos dias como legado de um inconsciente coletivo, do significado e poder que esta deusa tinha no panteão dos gregos, antes de ser criada a morada dos deuses, no Olimpo, onde Zeus é o todo poderoso.

Considerada a mais antiga das divindades, a Noite é deusa das trevas, considerada também a mãe dos deuses, porque se acreditava (e se acredita), que tudo nasceu com as trevas.

O interessante nessa mitologia é que a Noite ao unir-se com seu irmão Érebo, dela nasce o deus Dia e o Éter. Por intermédio de sua própria manifestação, ou seja, sem usar seu irmão como engendrador, dela mesma nascem outros: a Concupiscência, a Fraude, a Velhice, a Discórdia. Em poucas palavras, dela nasce tudo aquilo que é doloroso e insuportável, nasce de seu próprio egoísmo, posto que dà à luz de maneira assexuada.

A Noite que representa a escuridão, a trazemos em nosso inconsciente, como algo maligno que devemos evitar, por ser a noite quem dá cobertura às bruxas, ao salteador, assassino, e tudo aquilo que nos dias de hoje como antigamente o interpretamos como maldoso.

Quando *Zeus* condena *Prometeu* ao martírio, sendo acorrentado em uma pedra, e dia a dia uma águia comia seu fígado, que renova sempre, nos ensina uma alegoria: nada se dá, nada se consegue sem o sofrimento, sem o sacrifício, o sofrer por aquilo que antes acreditávamos como certo, e que por motivos muitas vezes alheios a nossos pensamentos, entra em nós por intermédio dos sentidos, palavras, mudanças de atitudes por termos a coragem de mudar, assim como *Prometeu* o fez, revelando-se contra a autoridade, praticando um senso de justiça, ao reconhecer que o que vale muitas vezes é a intenção e não o valor material do que está sendo oferecido (queimando ossos e gorduras para *Zeus*).

Quando numa discussão estamos e reconhecemos que nosso interlocutor possui uma verdade que não estava em nós, estamos reconhecendo também mudanças em nossos conceitos, e estas mudanças têm que ter um fator de sacrifício, porque não é apenas a mudança em si, mas junto com ela vêm mudanças de hábitos, atitudes, pensamento, que estavam arraigados em nós, como um órgão de nosso corpo, fazendo parte de nosso corpo como qualquer órgão que serve para nossa sobrevivência.

Reconhecendo muitas vezes, através de imagens, sons, aquilo que pode vir a fazer parte de nós, mas a mudança sempre é dolorosa, por ser mais fácil ficar como está, do que mudanças que possamos vir a ter.

Mas a história de *Prometeu* não termina aqui, ela avança contando-nos também que uma vez sendo perdoado por *Zeus*, por este achar que o castigo era excessivo, ou seja, *Zeus* volta atrás, e reconhece o excesso em seu ato de punição, usando para isto do bom-senso. Uma vez liberto, *Prometeu* termina matando a águia que mal lhe fazia e acaba comendo sua carne, a eterna vingança do que se repete no ser humano. Zeus como Deus superior, sabe perdoar, *Prometeu*, não.

Prometeu termina triunfando. É exatamente o que acontece conosco, sendo dolorosas as mudanças, uma vez fazendo parte na acomodação de nossa prateleira de pensamentos, voltando atrás daquilo que podemos substituir, estamos usando do caos para encontrar uma nova verdade.

Se começamos a entender que todo distúrbio que nos rodeia, possa vir a fazer parte de mudanças em nossa maneira de ser, de pensar ou de agir, estamos usando a alegoria da Fênix, morrendo ou substituindo algo que achávamos como verdade, para outra realidade, nascendo novamente das cinzas com o esplendor renovado de uma nova realidade. O caos nos ensina a renovação.

Temos que estar vigilantes. Uma vez mais o mestre Confúcio nos transmite uma verdade: "*Não corrigir nossas faltas é o mesmo que cometer novos erros*".

E assim temos que ser, por sermos seres em constante evolução e, esta não para de caminhar na bruma inexorável do tempo, com nossos sonhos e fantasias.

∴

O doloroso do sacrifício pela emoção, podemos torná-lo ameno quando racionalizamos o porquê, usando da razão como elemento de mudança.

X – OS ENSINAMENTOS REVOLUCIONÁRIOS

O mundo só ergue altares às vítimas que há sacrificado.
A história da humanidade é a história dos mártires.
Edouard Laboulaye

De como o caos ocasionado em uma determinada sociedade, vem a ser uma lição de renovação para uma nova ética, com mudanças na moralidade dos indivíduos que compõem essa sociedade. É o que trataremos de ver a seguir, mostrando os exemplos da história, do caos que deu o nascimento de um parlamentarismo insipiente, para robustecê-lo após a guerra civil inglesa; do caos que emergiu na revolução americana, para dar lugar à República moderna; do caos do que foi a intempérie francesa para chegar aos direitos civis conquistados principalmente para com os mais débeis (ainda em processo de afirmação); e finalmente do caos que gerou o socialismo via comunismo com a revolução Russa.

A reciclagem é sempre imposta quando os valores se deterioram. Somos como papel que não mais tem serventia, é jogado no lixo, e uma vez reciclado vem a dar forma a um novo material que terá utilidade como antes o tinha o que não mais prestava.

Nossa história caminha através dos séculos, ora de maneira gradual influenciada principalmente pelas escolas filosóficas, que ao longo do tempo foram e são as responsáveis pelas mudanças observadas principalmente no campo político e quando falamos em político, devemos abordar a questão social, por uma estar estritamente ligada à outra, por não existir separação. Diz-se o mesmo quando das mudanças religiosas, quando a sociedade exige tais mudanças, a história nos dá muitos exemplos.

Por outro lado existem mudanças agudas, que normalmente geram violências; quando transformadas em revolução, estas estão ligadas a fome, abuso do poder exercido, lutas de classes, entre outros.

O caminho pode ser gradual, ou simplesmente se pode ir por atalhos.

Antes vejamos o significado político destas lutas que obrigam a mudanças, para tratar de entender esses caminhos que acima me referia.

Podemos começar a assertiva evolutiva dos acontecimentos políticos que geram instabilidade, caos. Quero me reportar a Immanuel Kant (1724-1804), que considera o aspecto revolucionário (que gera transformação), embora doloroso, a base principal de uma evolução social, buscando uma ética maior.

Todavia, o conceito da palavra revolução provém do vocábulo latino *revolutio*, originalmente com o significado em astronomia e geometria: de volta, retornar; hoje em dia tal palavra designa mudança radical de algum estado constituído, para dar margem ao novo. Essa ruptura social formula nova ética em detrimento das antigas formas de pensar e agir, dentro de uma sociedade agora arcaica, pós-revolucionária.

No processo revolucionário encontramos a dicotomia entre o que é que existe, em detrimento do pensamento dos revolucionários, do que "pode vir a ser", como resultado do triunfo revolucionário uma nova forma de pensar se organiza, dando corpo a uma nova proposta que, a partir do triunfo, deverá reger os destinos de uma nova sociedade que surge do caos pós-revolucionário.

Parte-se de um sonho, uma utopia, esperando o triunfo para torná-lo real. Cabe neste momento lembrar os dizeres do sionista Theodoro Herzel: *"Para realizar primeiro tem que sonhar"*.

A **anatomia** de uma revolução segue regras quase preestabelecidas, quais sejam: ocorrem em países com certa estabilidade econômica; o levante revolucionário provém da classe "pensante", dos intelectuais, quase sempre de classe média; a classe dominante está corrompida pelo nepotismo, corrupção, abuso econômico e de poder político; perante tal situação insustentável pelo governo; esta – a classe dominante – faz uso da força para aplacar o grito revolucionário, gerando com isto maior revolta, e como consequência maior adesão das massas populares.

Outros aspetos históricos de mudanças ocorrem também com outra forma de renovação não sangrenta como a questão revolucionária, mas por intermédio, por exemplo, da **reforma.** O reformador respeita a ordem estabelecida, exigindo mudanças apenas em uma faceta dessa ordem que fugiu do tradicional, para assim tentar uma retomada de posição ao que antes era, ou seja, voltar às origens, não oferece alternativa de liderança, todavia, possa contestar a liderança estabelecida, culpando-a pelos erros. Um exemplo, quando Lutero se revolta contra a Igreja católica.

A resposta da Igreja veio com a contrarreforma, foi uma maneira de minimizar as fugas das massas para outra ortodoxia, a proposta por Lutero. Nessa contrarreforma, a igreja ataca o reformista Lutero com o ensino secular, reforma dos seminários, agora lhes dando uma nova visão, formando sacerdotes intelectualizados, contrária à ignorância cultural em que a maioria dos padres se encontrava, antes da contestação de Lutero.

A reforma que Lutero propôs e conseguiu realizar, trouxe também questões traumáticas, mas este traumatismo decorrente da violência se dá quando a questão religiosa se desvia para o campo político, na busca de hegemonias e de poder.

Do livro de Raymond Aron, "O Ópio dos Intelectuais", 1980:

> *A história se desenvolve como que em ciclos: a uma fase de relativa tranquilidade sucede outra de críticas apaixonadas. Mas a surpresa é com a paixão, não com a crítica*[22].

A história nos ensina que tem que haver renovação, para reformar o antigo dando espaço ao novo, com uma nova forma de ver essa nova sociedade que clama por renovação. Alguém tem que pagar por essa renovação. Benjamin Franklin, herói da revolução americana para sua independência, sem medir as palavras sustentava "que a árvore da liberdade de vez em quando tem que ser regada com o sangue do povo".

Outra forma de mudança social se dá com os **golpes militares**; nestas circunstâncias, o que se procura é a substituição do governante por outro(s). Os maiores exemplos são os que ocorreram na América Latina na década de sessenta e setenta, no século XX, onde o câmbio se deu em substituir um governo que segundo os golpistas não merecia credibilidade, por outro regido pela força das armas.

O aspecto revolução causado na sociedade traz como consequência a busca de uma ética maior e com isto uma maior felicidade. Outras formas de revolução existem, a revolução científica, a causada por Copérnico, por exemplo, quando derruba a teoria de Ptolomeu, quando aquele propõe o sol como centro do mundo e não a terra como proposta por este.

Revolução e levante nem sempre são sinônimos. Trataremos aqui a questão revolução, como o clamor popular que segue um caminho e exige mudanças para uma sociedade submersa no esquecimento, onde as classes dominantes se encontram em ilha isolada, pensando que tudo o que se passa fora dessa ilha está dentro de como deveria ser, dentro de uma normalidade, até que o clamor popular repercute nos muros daqueles que se encontram isolados pelo poder.

As mudanças no pensamento político se dão, principalmente, com as revoluções onde um governo constituído é questionado por pessoas insatisfeitas e propõem mudanças; estas propostas não aceitas pela classe governante geram como consequência a violência.

Segundo Tocqueville:

Os homens se revoltam quando tomam consciência da injustiça de que sofrem, e a perspectiva de vitória se abre diante deles...[23]

Em nossa sociedade moderna quatro revoluções mudam a forma política de pensar, fazendo também como consequência a tomada de uma nova forma de ética.

Irei sintetizar essas quatro revoluções, pois estas tiveram a anatomia de uma revolução, tiveram aspectos semelhantes em suas origens, mas estão interligadas e no conjunto moldaram o pensamento político que nos rege.

A REVOLUÇÃO INGLESA. A REVOLUÇÃO GLORIOSA DE 1688

Surge da revolução inglesa liderada por Oliver Cromwell (1599-1658), o **parlamentarismo**, sistema de governo em que a maioria dos eleitos em um parlamento escolhe um líder para formar um gabinete, que será o que atuará dentro do Estado como governo na política econômica, social, internacional. O presidente do gabinete é chamado de Primeiro Ministro, que escolhe os outros ministros, para ajudá-lo em sua tarefa de governabilidade. Pode ser derrubado, com perda da maioria parlamentar que lhe dá sustentáculo, ou por voto de moção contrário ou desconfiança.

A história registra que tal revolução se deu por muitas causas, que juntas fizeram a revolta popular. Entre essas podemos citar: o absolutismo dos reis Jaime I e Carlos I, que junto com a nobreza mantinham o domínio do Estado. A questão religiosa, do clero anglicano* que apoiava o absolutismo real e a intolerância religiosa.

Todavia, Cromwell sendo um protestante puritano, após a vitória, protege o anglicanismo, esta, religião oficial do Estado, mas faz uma perseguição sem quartel contra os católicos. Alguns historiadores colocam a **tolerância** como aspecto fundamental do resultado dessa sangrenta revolução, a maneira como Cromwell lidou com a questão religiosa, considerando inclusive um exemplo de aceitação religiosa entre o puritanismo protestante calvinista e o anglicanismo.

O parlamentarismo é uma democracia onde o sistema para governar tem que ter maioria.

O sistema religioso inglês nessa tolerância, dá guarida àqueles que migram para um continente distante da Europa – a América – com predomínio dos calvinistas fundamentando as bases do que viria a ser uma nova revolução, a revolução americana.

Um aspecto importante na questão religiosa está no fato de que nesse protestantismo calvinista é diferente do que a religião católica propõe: o lucro gerado de transações comerciais para os calvinistas não é visto como pecaminoso, diferente à maneira do pensamento católico, quanto mais pobre o indivíduo, mais perto está de Deus.

Cromwell lidera uma revolução sangrenta que irá

---

* A Igreja Anglicana é a religião oficial da Inglaterra, também chamada de Igreja da Inglaterra (Church of England), fundada no início do século XVIII por Henrique VIII, opondo-se ao papa por capricho deste (Henrique), por não conceder o papa o divórcio com Catarina de Aragão. A liturgia anglicana é parecida com a liturgia da Igreja Católica Romana. O monarca britânico possui o título de "Defensor da fé", possuindo autoridade direta sobre a Igreja inglesa.

devastar a monarquia, inclusive ocorrendo algo inusitado, a morte do rei Carlos I, em praça pública por degolamento.

Thomas Hobbe e John Locke, são dois filósofos que estão diametralmente opostos, no transcurso da revolução. O primeiro, defendendo a monarquia e o poder absoluto do monarca, defendendo sua tese de que o estado "natural" do homem, no princípio, não era regulamentado pela lei, era natural do ser humano as lutas; para isto ser resolvido propunha um "contrato", onde os cidadãos cediam ao monarca o poder absoluto e este, através de sua vontade, representava a vontade de todos.

Hobbe (1588-1679) em seu livro "Leviatã", 2005, assim define o Estado:

> *É nele que consiste a essência do Estado, que pode ser assim definida: "Uma grande multidão institui a uma pessoa, mediante pacto recíproco uns com os outros, para que em nome de cada um como autora, poder usar a força e os recursos de todos, da maneira que considerar conveniente, para assegurar a paz e a defesa comum".*

E continua:

> *Soberano é aquele que representa essa pessoa. Dele se diz possui poder absoluto. Todos os outros são súbditos.*[24]

Mais adiante termina com um decálogo destrinchando cada parte da proposta desse contrato.

O Liberal e também inglês John Locke (1632-1704), se apõe às ideias absolutistas de Hobbe em seu livro "Ensaio sobre o Governo Civil", onde parte para defesa do parlamentarismo.

Locke tem o mesmo ponto de partida, com referência

ao estado de "natureza" do ser humano, associado também a um contrato social para criação de um governo civil (parlamento), distanciando-se de Hobbe, já que este contrato posto por Locke, em comum acordo com a sociedade, delega poderes não ao rei, mas ao parlamento.

Divergem no fato de que Locke coloca a razão como ponto primordial do ser humano, portanto a pessoa possui liberdade individual, e como tal tem condições de pensar, e não simplesmente delegar sua vontade a outrem. Pelo fato de que há necessidade de leis coercitivas para que os cidadãos possam estar em pleno gozo de sua liberdade, desde que os valores dessa sociedade sejam respeitados, este cidadão por contrato concede ao Estado o poder de julgamento de atos, que se acompanham de punição e, ao mesmo tempo, é o Estado quem decide os conflitos externos.

Por outro lado, se a autoridade à qual foi outorgado o direito por contrato pelo povo, usar mal suas funções e desta maneira prejudicar os cidadãos, cabe então a estes cidadãos romper o contrato.

Embora Locke não diga como deverá ser substituído o soberano ou o Estado nesse rompimento contratual, sem dúvida deixa margem para que também se use a força pelo povo, para alcançar tal objetivo. Sustenta que para haver soberania, a liberdade é a essência do homem.

> *Sendo todos os homens igualmente livres, iguais e independentes, nenhum pode ser tirado desse estado e submetido ao poder político de outrem, sem o seu próprio consentimento, pelo qual pode convir, com outros homens, em agregar-se e unir-se em sociedade...*[25]

Locke já defendia o que agora no ocidente conquistamos, o ensino laico nas escolas. O ensino é um atributo do Estado e não da religião.

Assim, na defesa dos poderes independentes, atributos delegados entre o parlamento e o monarca emanam do povo ser representado no parlamento.

No conflito filosófico, associado à ânsia popular e conceitos renovados de poder, nasce do seio da "revolução gloriosa" o que viria ser o arcabouço de uma sociedade aglutinada em valores diferentes, onde termina o absolutismo do rei.

Hobbe representa o passado, Locke a reforma, e nesse embate surge a liberdade individual soberana sustentada por Locke, em detrimento à submissão como queria Hobbe, acentuando-se com a questão revolucionária a voz do parlamento como poder que emana do povo.

Nesse período já existia uma emigração da Inglaterra para as novas terras do novo mundo, a história coloca uma data inicial: 1607. Um pouco mais de um século, em 1732, existiam 13 colônias desses emigrantes ingleses, agora com suas proles nascidas em território americano, que viria ser os Estados Unidos da América.

A REVOLUÇÃO AMERICANA

Se na Inglaterra se consolida de maneira definitiva o parlamentarismo, nas colônias americanas surge o que vem a ser o **presidencialismo**. No presidencialismo o presidente não precisa de maioria no congresso; se aquele não tem a maioria, as negociações são inevitáveis.

O conflito entre a Inglaterra e suas colônias tem início no ano de 1775 e finda em 1782, com a proclamação da Independência. Novamente aqui se faz presente a anatomia de uma revolução: opressão popular, opulência e desmando por parte dos governantes, alta carga de impostos, conservadorismo e ignorância dos reclamos do povo, enfim, uma vez consolidada a anatomia, bastou uma liderança, para comandar os descontentes, e iniciar o caos revolucionário.

A Inglaterra se encontrava em difícil situação financeira; após a guerra que manteve com a França começa a exigir mais recursos de suas colônias, inclusive obrigando a comprar cargas não comercializadas de chá provenientes da Índia, foi o que bastou para que o estopim acendesse e começasse a revolta com o triunfo final por parte dos colonos sete anos mais tarde.

A Inglaterra exporta para as colônias não apenas opressão e desmando, também vieram com eles intelectuais, comerciantes que não tinham vez no país de origem pelo afogamento comercial que sofriam por não pertencer à nobreza, isto é, era um caleidoscópio de formas e ideias, que fez com que surgissem novos pensamentos e atitudes de ação, perante uma nova forma de agir, não apenas por parte dos colonos oriundos diretamente da Inglaterra, mas principalmente daqueles já nascidos em território americano e que não tinham, portanto, nenhum compromisso com a pátria de origem de seus genitores.

Estava em plena forma o pensamento filosófico do *Iluminismo*, filosofia que exalta a razão como fator primordial para engrandecimento do homem perante o universo. Essa exaltação à razão como veremos adiante, chega ao extremo com a Revolução Francesa.

Dentro da filosofia iluminista das quais muitos filósofos revolucionários fazem parte em solo americano, exaltam uma de suas correntes filosóficas, quais sejam: o objetivo de todos os homens terem direito à felicidade, através do conhecimento racional e a liberdade de pensamento.

Entre estes filósofos em solo americano, estava Benjamim Franklin (1705-1790), herói da revolução americana, admirado não apenas em sua terra natal, Boston (onde tudo começou), Estados Unidos, como também na Europa, leva para as salas de reuniões o ideal libertário americano. Junto com Thomas Jefferson e Samuel Adams, entre outros, no ano de 1776 elaboram o texto da declaração da independência:

> *Consideramos estas verdades como evidentes por si mesmas, que todos os homens foram criados iguais, foram dotados pelo Criador de certos direitos inalienáveis, que entre estes estão a vida, a liberdade e a busca da felicidade.*

Todavia essa liberdade não foi para todos, a escravidão ainda continuava a existir:

> *Que a fim de assegurar esses direitos, governos são instituídos entre os homens, derivando seus justos poderes do consentimento dos governados; que, sempre que qualquer forma de governo se torne destrutiva de tais fins, cabe ao povo o direito de alterá-la ou aboli-la e instituir novo governo, baseando-o em tais princípios e organizando-lhe os poderes pela forma que lhe pareça mais conveniente para realizar-lhe a segurança e a felicidade.*[26]

Nesta declaração está o contexto da fórmula dos

iluministas, do **Direito Natural Racional**, inspirada pela filosofia de Jean Jacques **Rousseau** (1712-1778) ao propor um estado utópico, decorrente do senso comum, em que o estado garanta o direito de todos os cidadãos.

Uma somatória de eventos acontece até desencadear a questão revolucionária, entre eles as leis do açúcar e do selo, em discussão no parlamento inglês, sem levar em consideração opiniões dos colonos americanos, contradizendo inclusive as próprias tradições inglesas, em não tributar nada, sem a representação (defesa), a quem está se aplicando a lei *(no taxation without representation)*.

Na questão da lei do açúcar, a Inglaterra obriga a que esse produto seja comprado apena das colônias britânicas nas Antilhas. Já na lei do selo, é uma generalização dos impostos, cobrando impostos até para baralhos e dados, todavia, após um clamor por parte dos colonos houve mais tarde a eliminação dessas leis, mas o mal já estava feito, e começava a dar seus frutos.

Outras causas: restrições por parte da nobreza referente a negociações comerciais por estes (os colonos) não pertencerem à elite do poder; a legalidade da cobrança de impostos. Segundo muitos estudiosos, isto foi sem dúvida a maior contribuição para que se realizasse a revolução, como consequência da falência inglesa decorrida pela guerra contra a França. Esta beligerância se estendeu até o território americano, com a França dando ajuda aos colonos em armamentos e suporte logístico para sustentação da guerra de independência; a nobreza continua a aumentar dia a dia os impostos para poder manter seu privilégios e riqueza, em detrimento de uma subjugação escravagista de seus súditos ultramar.

Desse conflito inicialmente ocorrido entre França e Inglaterra, que a história denomina de A Guerra dos Sete Anos (1756-1763), os ingleses saíram vitoriosos. Não bastou ter findado tal conflito em solo europeu, estendendo-se mais tarde para o solo americano, sendo consequência de uma rápida deterioração dos recursos franceses e ingleses, levando a França à bancarrota, com as consequências conhecidas, abrindo as comportas para a chamada Revolução Francesa, e, por parte da Inglaterra, à Independência Americana.

Um homem nascido em solo francês, Charles-Louis de Secondat, Barão de la Brède e de **Montesquieu** (1689--1755) faz parte deste caleidoscópio, quando da proposta dos três poderes da república de sua inspiração: **executivo, legislativo e judiciário**, onde um fiscaliza o outro, mas são independentes entre si. Assim se referia à forma de governo: "*A democracia baseia-se na virtude, a monarquia na honra e o despotismo no medo*". Todavia, para Montesquieu, o sistema monárquico constitucional britânico seria o ideal.

Em seu livro publicado em 1748, *O Espírito das Leis,* o poder executivo seria exercido por um rei, que podiam suas decissões ser vetadas pelo Legislativo, o Parlamento. Sem dúvida que este quadro dos três poderes influenciou os revolucionários americanos, chegando até nós para formar parte do poder do Estado, ao qual a sociedade está subordinada, com suas leis e direitos.

Os ideais de democracia, liberdade e autonomia, são os frutos das sementes lançadas, não só do ponto de vista filosófico-doutrinário inspirado pelos iluministas e enciclopedistas, como também pelo ideal libertário e renovador contra o despotismo da monarquia inglesa.

O resultado dessa sangrenta revolução que se estima terem perdido a vida em torno de 600 mil pessoas, foram os direitos individuais dos cidadãos, afirmada através da liberdade de cada um, decorrente de uma instituição republicana e não mais monárquica absolutista. Uma conquista que se regou com sangue, um caos, gerando mais tarde uma luz.

O que os filósofos Locke, Montesquieu e Rousseau colocaram em teoria, foi na revolução americana colocada na prática, seguindo inclusive de exemplos e inspiração para o que viria a ser mais tarde as independências na América Latina.

Na América Latina, se bem que seguisse os mesmos princípios como justificativas contra o colonizador espanhol e português, os resultados foram outros, políticos, e principalmente econômicos, por causa da mentalidade religiosa de predomínio católico de quase 100% no pensamento latino-americano.

A Declaração de 1776 (tela de John Trumbull)
Figura 16

Uma nova anatomia revolucionária estava se formando longe do solo americano, para logo explodir inspirada na declaração da independência americana:

> *Sempre que qualquer forma de governo se torne destrutiva de tais fins, cabe ao povo o direito de alterá-la ou aboli-la e instituir novo governo, baseando-o em tais princípios e organizando-lhe os poderes pela forma que lhe pareça mais conveniente para realizar-lhe a segurança e a felicidade.*[27]

Ou seja, se isto estiver acontecendo cabe ao povo derrubar seu governo e colocar outro em seu lugar, desde que prevaleça o conceito de democracia e liberdade individual. Estava começando a adubar-se a semente do que viria ser a Revolução Francesa.

A REVOLUÇÃO FRANCESA

A história coloca na Revolução Francesa o marco inicial da Idade Contemporânea que está em vigência até nossos dias.

A sublevação política que ocorreu no ano de 1789 e se prolonga durante 10 anos, iniciada com a simbólica Tomada da Bastilha pelas massas populares revolucionárias até a tomada do poder por Napoleão Bonaparte por intermédio de um golpe de estado, acabando com o ciclo revolucionário.

A anatomia revolucionária se faz presente de uma forma dramática, talvez só comparada como a que viria ser a revolução na Rússia, que veremos a seguir.

A crise econômica na França estava no auge. O famoso historiador Erick J. Hobsbawm nos diz em seu livro

"Era das Revoluções": na Europa, inserida na época da Revolução, os camponeses faziam o grosso da população estando sob a égide do regime feudal. Famintos, assaltavam os celeiros, à procura de alimento. Nessa época Paris contava com 650.000 habitantes, para uma população geral em torno de 24 milhões, sendo 20 milhões residentes na zona rural, a massa de indigente que perambulava pela rua de Paris era estimada em 120.000 pessoas.

A monarquia absolutista, com seus inúmeros privilégios e abusos de poder, era também um obstáculo para a ascensão da burguesia, esta próspera no comércio em decorrência do surgimento de grandes fábricas capitalistas. A burguesia não queria mais ser relegada a simples contemplador da vida política do país, era a classe média e dos novos ricos, não possuidores de título de nobreza, e por esta razão não podia fazer parte das oportunidades de ascensão no exército, postos-chaves governamentais, e participação no alto clero.

Enquanto o alto clero possuía as melhores terras, o campesino pagava altos tributos dos impostos reais e do dízimo eclesiástico.

Politicamente a França estava organizada pelos chamados Estados Gerais, compostos pela nobreza, clero e povo, mas na prática quem decidia era o rei. Era uma forma político-teórica, mas no auge da instabilidade política esta forma de governo dos Estados Gerais toma força, quando o povo representando 96% da população reclama para si os direitos, os quais estão sendo negados pela aristocracia. O povo declara-se Assembleia Nacional (9 de julho de 1789), deliberando em matéria de impostos, tirando do rei o legislar sobre as finanças do reino, sendo este o primeiro ato revolucionário.

O rei como esperado tenta anular as deliberações da Assembleia Nacional, mas por resistência dos componentes da Assembleia, apoiados pela massa popular, o rei volta atrás; nesse momento a Assembleia se torna Assembleia Constituinte, retirando da monarquia o poder absoluto.

Quando a burguesia toma o poder, vêm as marchas e contramarchas. A burguesia sem experiência política comete os mesmos erros da monarquia, legislando com seus interesses de classe, tratando de conter as reivindicações dos oprimidos, onde o povo não podendo influir diretamente do governo, também não podia votar. Surge a divisão, os chamados ativos e passivos, dando constitucionalmente o direito de voto para os ativos, os passivos é claro era o povo, já que a principal forma para tornar-se ativo era o direito de possuir propriedade.

Prisões em massa, julgamentos sumários, mortes em decorrência dos julgamentos, políticos e filósofos se misturando em caminhos diversos, clubes que funcionam como lenha para continuar a fogueira revolucionária, a guilhotina decepando cabeças por mínima que fosse a culpa, a guilhotina decepando cabeça real e aristocrática, o caos se instala. Poucos seguem um caminho, mas não sabem como caminhar nesse emaranhado de cipós. O medo toma conta da Europa. O ardor revolucionário começa inflamar os países vizinhos. A resposta se faz sentir na proclamação de guerras contra a Áustria (a rainha da França Maria Antonieta, austríaca de nascimento, insensível perante a reclamação do povo, dizia quando o povo faminto pedia pão: "*Se não têm pão, que comam brioche*").

No caos instaurado, dois partidos políticos se digladiavam sobre quem seria o condutor da revolução, por um lado os jacobinos e pelo outro lado os girondinos.

Os jacobinos comandados por Maximilien-François-Marie-Isadore de **Robespierre** (1758-1794), instauram o regime do terror, responsável por milhares de cabeças decepadas pela guilhotina, mais tarde a sua também. Robespierre cria o clube jacobino um ano antes da revolução, clube este formado principalmente por pessoas da classe média, liberais e nacionalistas, lutava pelos ideais do triunfo da revolução, pela França e, mais tarde, exportando os ideais revolucionários para os demais países europeus. Com a popularidade que Robespierre gozava, mais e mais clubes jacobinos se espalhavam pela França. Consideravam-se a elite

A Liberdade Guiando o Povo, por Eugène Delacroix
Figura 17

revolucionária e os salvadores da pátria. No mesmo ano de 1788, Luiz XVI reúne os Estados Gerais, que como vimos foi um fracasso.

Quem se contrapunha aos jacobitas eram os girondinos, assim chamados por serem os deputados originários da região de Gironda, considerados de "direita". Veio daí o que até em nossos dias chamamos politicamente uma pessoa de "direita" – conservador – ou uma pessoa de "esquerda" – radical. Na Assembleia Nacional os mais radicais se sentavam à esquerda de quem presidia os debates, sendo reservado o lado direito para os conservadores.

Como sempre acontece na história, a fragmentação de sociedades que no início agrupam um número de pessoas, existe dentro dessas sociedades, pessoas que não mais se adaptam aos pensamentos para os quais foram inicialmente criados. Saindo das fileiras dos jacobinos, em 1790, Danton, Santerre, Marat, Desmolins, Herbert, criam o Clube do Cordeliers, ou Sociedade do Direito do Homem e do Cidadão, uma maneira de invocar e seguir os princípios que no dia 26 de agosto de 1789, lançou a principal carta revolucionária, a Declaração Universal dos Direitos do Homem.

E foi para isso que veio a Revolução Francesa, a nos deixar até nossos dias essa carta tão importante em sua essência democrática e humanista, inspirada na filosofia iluminista.

Mais tarde, em 10 de dezembro de 1948, referendado pela ONU em Assembleia Geral em 30 artigos, fazendo justiça ao que a revolução americana e francesa fizeram pelo homem, fazendo justiça à mortandade que se insurgiu contra a opressão e a miséria, fazendo justiça à história desde o tempo do código de Hamurabi há mais de 2000 anos antes do cristianismo; fazendo justiça a favor dos necessitados, dos menos favorecidos; fazendo justiça contra a opressão e as tiranias. Defendendo, enfim, a honra, vendo o ser humano como único ser inalienável, singular, que tem por direito a cidadania, palavra esta entendida em sua plenitude.

Teve que haver um caos para o nascimento de uma nova forma político-social, renascendo assim como faz a Fênix na mitologia, das cinzas para uma nova vida.

Quem sabe os dizeres do filósofo Santo Agostinho resumam muito bem o que se passa quando explode uma revolução:

> *A esperança tem duas filhas lindas, a indignação e a coragem; a indignação nos ensina a não aceitar as coisas como estão; a coragem, a mudá-las*[28].

Muitos caminhos levam à indignação, à coragem é à vontade de fazer acontecer.

A revolução americana, bem como a francesa tiveram as mesmas fundamentações filosóficas nascidas do iluminismo; tiveram também as mesmas origens que desencadeiam o estopim revolucionário: a insensatez de seus governantes, e opressão despótica contra seus cidadãos; o desencadeamento revolucionário está sendo uma cópia da revolução pela Independência Americana; mas aqui acabam as semelhanças.

A Revolução Americana é declarada para se ver livre de um regime além mar, estrangeiros, colonialistas; a Revolução Francesa foi preponderantemente uma guerra civil, lutando franceses contra franceses. Os líderes revolucionários americanos continuaram a construir o espírito republicano tijolo sobre tijolo, dando ênfase a seu estilo histórico, valorizando seu passado político; por outro lado os franceses rompem de maneira aguda e radical com o *Ancien Régime* (Antigo Regime), pois o consideram uma afronta para a construção de uma nova República.

A REVOLUÇÃO RUSSA

DA REVOLUÇÃO RUSSA NASCE O **COMUNISMO**.

A história nos conta da evolução sofrida do trabalho manual, artesanal, para a industrial, na produção em massa.

Na metade do século XVIII e no século XIX, uma nova era se faz presente em nosso meio social, a Era Industrial. Não existe um divisor de águas de transição, apenas é uma evolução da inteligência, da invencionice do ser humano, para agregar na economia as necessidades que reclama uma sociedade emergente, que visando ao lucro evolui para o **capitalismo** como meio de subsistência, ascensão social, poder e principalmente uma resposta, às também necessidades urgentes de uma sociedade feudal, onde a terra não era mais sustento para famílias com prole numerosa.

Embora a palavra revolução corresponda a acontecimento de mudanças agudas, a passagem da produção manual à industrial se dá de uma maneira gradual, mas também com sangue.

A expansão do comércio marítimo dominado pela Inglaterra e Holanda; a invenção de uma nova fonte de energia: a máquina a vapor; a exploração do carvão mineral, para fazer funcionar essas máquinas; a maciça migração do trabalhador do campo para a cidade; a abundância de capital, decorrente dos lucros do comércio marítimo e agrícola são um dos fatores que levam à revolução industrial.

Sem dúvida que está na produção industrial uma grande transformação que sofre a sociedade a partir dos primeiros teares que produzem por atacado nascidos na Inglaterra, por outro lado a conquista social decorrente dos primeiros anos da era industrial, se dá de maneira traumática, mas sem sofrer solução de continuidade, numa nova sociedade de postura ética diferente, visando a uma ética em conjunto com seus pares trabalhadores, por intermédio de uma nova forma de lideranças, surgidas dentro dessa massa nova de trabalhadores, que invadem as cidades à procura de emprego, criando cortiços sub-humanos na periferia de Paris, Londres, Roma...; os líderes dessa nova classe social emergente, junto com os patrões, começam a ensaiar os meandros de uma nova luta, para melhoria dos salários, condições de trabalho, etc.. Desse conflito, desse caos social, surgem como consequência os **sindicatos**.

Da própria indústria que se agiganta em todos os campos de produção, não só nas cidades, mas também no campo; onde migração campo-cidade visa o princípio básico de acalmar a fome; onde novas máquinas fazem o trabalho do que antes era realizado pela família no cultivo da terra, na manufatura, e a necessidade de união destes, que ainda se encontram ligados à terra para produção de alimentos; surge outra forma de sociedade, de união, para fazer frente ao capital mercantilista, barateando a produção. Dessa união, surge o que mais tarde viriam a ser as **cooperativas**.

Esse trabalhador onde agora seus músculos trabalham

com movimentos repetitivos, que busca conquistas cada vez mais ascendentes à procura de um bem-estar maior, por intermédio dos **sindicatos**, que após ter corrido muito sangue pelos cortiços e ruas das grandes cidades europeias, se instala definitivamente, formando uma nova "classe" social trabalhadora: o **proletariado.**

Um fator preponderante se dá também no meio religioso, no surgimento dessa nova classe econômica na Europa, mais especificamente com a interpretação do protestantismo por intermédio de uns dos reformadores, Calvino, através do presbiterianismo, uma forma de culto ascética que levou os imigrantes da Inglaterra para o continente Americano, doutrina que vem a ser bem aceita por ser muito conveniente para a classe média emergente, com o dinheiro gerado pela riqueza do comércio marítimo, bem como da indústria que começava a produzir seus frutos capitalistas, na Holanda, Inglaterra e França.

Deixemos que Max Weber nos diga como isto se deu:

> *A Ética Protestante e o Espírito do Capitalismo, assim nos ensina: "Quanto maior a posse desde que atitude ascética com a vida esteja dominada, mais pesado o sentimento de responsabilidade de mantê-la intacta à glória de Deus e em fazê-la crescer em um esforço contínuo. As origens desse tipo de vida se estendem em certas raízes, como diversos aspectos do espírito do capitalismo, a Idade Média. Mas foi na ética do protestantismo ascético que encontrou fundamento ético consistente. Seu significado para desenvolvimento do capitalismo é óbvio"*[29].

Ou seja, o discurso de Calvino era bem mais confortável que o discurso católico. Este último pregava a pobreza como meio de vida para a salvação, o clero maior à vista do povo não dava o exemplo posto que a riqueza destes era para que todos vissem. Calvino, por outro lado, baseado em argumento da Bíblia dizia mais ou menos isto: podes lucrar quanto quiseres desde que te lembres que tendes um irmão a teu lado que também é filho de Deus ao qual é tua obrigação ajudar, nunca esquecendo de tua vida ascética que tens que levar, para a glória de Deus.

A indústria prosperando com suas máquinas a vapor cada vez mais complexas, a produção cada vez maior encontrando mercado fora das fronteiras do país produtor além mar, o forte clamor religioso da época dando brecha para o crescimento do capital sem desculpar-se perante Deus, com relação aos presbiterianos, organizações sociais trabalhadoras em franca formação de contestação com os patrões. O cenário estava armado para Karl Marx.

Karl Marx (1818-1883) nasce de uma família judaico-alemã. Filósofo seguidor das ideias de Hegel, seu principal argumento social está em coletivizar a riqueza, para uma melhor distribuição da justiça social. Amigo de Friedrich Engels, elabora com este o famoso *Manifesto Comunista*, onde pela primeira vez aparece a frase histórica “proletários de todos os países uni-vos”.

Onde começa o comunismo? Essa pergunta se torna difícil de responder. Desde que a sociedade aparece como forma de inter-relacionamento entre os seres humanos com seu meio, os estudos antropológicos nos dizem que sempre existiram sociedades desde quando possa ser considerada a inteligência humana, seja esta para subsistência, seja esta para lutar contra os perigos externos, onde os seres humanos uniam-se para lutar a seu favor de maneira comunal. Estas comunas estavam inicialmente presentes contra os perigos externos, para a alimentação, para a vestimenta, na busca de melhor moradia, ou seja, baseavam sua economia, religiosidade, relacionamento social, na coletividade.

Marx veio a regulamentar, normatizar, o exercício do trabalho coletivo para evitar a exploração do proletário, tão desrespeitado como era no começo da era industrial. Essa forma de fazê-lo foi através da politização das massas trabalhadoras, para uma igualdade de distribuição da riqueza, cuja meta era a igualdade das classes sociais, onde todos têm os mesmos direitos, os mesmos ganhos.

No ano de 1864, junto com Engels, é um dos principais fundadores da Associação Internacional dos Trabalhadores, indicando de maneira "oficial", a caminhada para o comunismo na participação como líderes da Primeira Internacional.

Nos escritos, análises filosóficas, e pensamentos revolucionários que surgem com Marx e Engels, agora chamado de **marxismo**, com o *materialismo histórico*[**], cuja ideia toma como base que a economia é a principal causa dos fenômenos históricos e sociais, incluindo aí a questão jurídica, política, moral e arte. Uma outra forma do marxismo que leva como doutrina ao conflito de classe está no *materialismo dialético*[***], na proposta que a vida é uma

---

[**] Materialismo histórico: Marx e Engels defendem que na evolução humana sempre existiu a opressão do mais poderoso contra o menos poderoso. Na Idade Média estava ligado ao senhor feudal e o vassalo, na Idade Moderna a classe operária pela burguesia. Embora Marx nunca tivesse usado tal frase (Materialismo Histórico).

[***] Materialismo Dialético: Visa a questão da natureza como um todo, usando a dialética como meio de superar divergências. Na observância natural da evolução das coisas a interpretação do investigado pela dialética é materialista. Olha a natureza como um elo fundamental, nada sendo separado, um depende do outro.

evolução permanente de matéria na natureza da própria vida, e da consciência.

Para Marx tinha-se que colocar em prática aquilo que os filósofos desde a antiguidade vinham predicando, propondo não mais uma interpretação do mundo, mas uma transformação.

Lênin entendendo o recado do marxismo é quem irá

Lênin fala aos revolucionários em 1917
Figura 18

colocar na prática essa transformação proposta por Marx e Engels, lavando a questão revolucionária com sangue, nas ruas de Moscou, que após o triunfo passa a ser chamado de marxismo-leninismo na União Soviética, espalhando-se mais tarde pelo planeta.

Esta transformação se dá em decorrência da queda da monarquia dos Czares em 1917, que segue mais ou menos os passos do que foram as outras revoluções: fome, despotismo, intolerância por parte da sociedade governante e um líder, para pôr em prática as reivindicações exigidas para uma mudança. Mas como sempre acontece na história, quando há um triunfo de ideias, outras formas de comunismo aparecem um contestando o outro, o comunismo da Albânia, o maoísmo na China, Coreia do Norte, Cuba, entre outros. Foi assim também com a questão religiosa quando da Reforma com Lutero.

Desse comunismo que na prática foi colocado por Lênin para mais tarde ser pisoteado por Stalin, surge uma maneira moderada desse comunismo, contestando a tirania stalinista, o assim chamado **socialismo**.

Marx na *Crítica ao Programa de Gotha* (carta usada por Marx em 1875 direcionada para a cidade de Gotha, onde estaria sendo realizado um congresso da social-democracia alemã), afirma que entre o fim da sociedade capitalista e o advento da sociedade comunista transcorreria um longo período de transição que denominou de socialismo. A ditadura do proletariado para a socialização de todos os meios de produção. O comunismo seria uma sociedade onde o pagamento é baseado nas necessidades; o socialismo sendo imaturo e incompleto, o pagamento seria baseado em feitos. Portanto, a proposta de Marx era totalmente radical àquilo que se praticava, *"de cada um de acordo com suas capacidades, a cada um de acordo as suas necessidades"*[30].

A anatomia da Revolução Russa também se faz presente, conforme suas características desenhadas acima: fome, despotismo de um governo tirano monárquico dos czares e o surgimento vindo da classe mais esclarecida, o pavio que acende a chama revolucionária.

COMENTÁRIOS FINAIS

Nossa humanidade caminha ao sabor dos ventos sociais, os idos da história nos confirmam tal afirmativa na preocupação constante de justiça, ora assim já se faz presente em torno de dez séculos antes de Cristo com o Código de Hamurábi, rei da Babilônia, e antes deste com o Código sumeriano de Ur-Namur vinte séculos antes de Cristo, como imposição real de leis a serem cumpridas pelos súditos.

Evoluímos em nossa história recente, de um sistema feudal ligado às monarquias despóticas, para formas de governos, com um forte sentir democrático: parlamentarismo, presidencialismo, comunismo, evoluímos para um socialismo consciente de uma abrangência maior, também democrático. Das revoluções recentes, encontramos nosso devir.

Não bastaram todas as lutas travadas para um melhoramento social, a fome continua presente, em conjunto com as injustiças sociais, sendo o despotismo que os sustenta, continuando em aberto o capítulo, certamente enquanto a anatomia de uma revolução se forme com o tripé: injustiça social que leva à fome, vaidade que leva ao despotismo, e cabeças pensantes para romper tal paradigma, virão novas formas de sociedade, e com elas nova ética desenvolver-se-á.

A moral muda conforme os costumes, a ética acompanha tais mudanças, desenvolvendo novas maneiras de ver uma sociedade em transformação. O que antes era moralmente aceito como natural, assim o foi quando Luis

XVI, rei da França, dizia a seus súditos: "O estado sou eu"; nos dias de hoje, tal afirmativa é uma imoralidade e eticamente condenável.

Vivemos nos dias de hoje em uma economia politicamente globalizada. Quem sabe as intenções iniciais fossem uma maneira de dividir o bolo, mas o que observamos é a imoralidade dos governos apoiando uma economia imoral, aumentando a distância dos pobres e daqueles em desenvolvimento, onde o chamado capitalismo tem um adjetivo a mais, qual seja, selvagem, mas explícito com a barbárie que os países chamados exemplos de democracia e capitalismo (os G-20, os vinte países mais ricos do mundo), continuam a praticar uma economia onde o lucro é o que importa, não interessando qual o custo social, apoiando países onde a família governante pisoteia de maneira vil seus cidadãos, leia-se (entre outros) Guiné Equatorial.

O despotismo que vivemos está camuflado com uma pseudodemocracia, observando que países que se denominam democráticos possuem discurso hipócrita para com aqueles que não o são, usam de seu poder econômico para subjugar conforme seus interesses comerciais, criando dessa maneira um elo da corrente para formar a anatomia de uma revolução. O outro elo já está formado, a miséria, crianças morrendo miseravelmente de fome, em nossa América Latina, África, Ásia, enquanto gastos militares absurdos e desnecessários estão sendo promovidos para destruir os miseráveis que não se adaptam a seu sistema, ou querer mais do que já possuem, leia-se, Iraque; leia-se petróleo.

A história também nos ensina que é um bumerangue, e

este bumerangue está voltando contra aqueles que da história a fizeram com sangue de inocentes e despotismo político-econômico, leia-se Estados Unidos da América, nos massacres que fizeram na América Latina por intermédio de suas empresas comerciais, apoiadas de maneira irrestrita pelas embaixadas subservientes a essas empresas; leia-se Unite Fruit Company, para a América Latina; Union Carbide, para a Índia.

O genocídio praticado pelos ingleses na Índia de Mahatma Gandhi, leia-se controle no monopólio do sal, madeira.

A França, com matanças ocorridas no Vietnã e Argélia, leia-se colonialismo, imposição de povos pela força e a escravidão.

Oriente Médio com a estupidez religiosa e política, fazendo os inocentes entrarem no curso das balas e estilhaços de bombas.

Tudo na história se repete, infelizmente o ser humano é cego quando o egoísmo e a vaidade tomam conta de seu ser, e usando pseudoqualidades de liderança, usurpam de maneira vil a vontade de um povo, que parece adormecido, mas se aglutina como o carvão mais perto um do outro, para ter força maior nessa chama, formando as massas populares, para logo depois explodirem em revolução.

Esperemos o resultado de uma nova revolução, posto que a anatomia está pronta (agora a nível mundial), o que antes era sussurro, agora começa a escutar-se os gritos: dos famintos; dos pobres que aumentam de maneira exponencial; da política imoral e corrupta; de organismos internacionais que vieram a dar uma resposta, mas que desde seu nascedouro continuam a ser pisoteados pelas botas dos poderosos, enfim o bumerangue está voltando, à espera do líder portador da chama incendiária.

∴

Do paradigma originário das convulsões sociais, surge uma nova Ética.

EPÍLOGO

Esse equilíbrio o temos que buscar, não apenas numa lógica harmônica social, mas principalmente dentro de nós.

A sociedade nos exige harmonia, mas dentro dessa mesma sociedade se encontra a desarmonia, girando tudo para o reconhecimento do bem usando o mal como referência, e assim estamos constantemente nos digladiando entre esses dois polos em busca do trópico.

Não devemos menosprezar aquilo que representa o caos, pois deste caos é que nasce a Luz. Assim nos ensina o Apóstolo João no cap. 1; vers. 1-5:

> *No princípio existia o Verbo, e o Verbo estava com Deus, e o Verbo era Deus/ Ele estava no princípio com Deus,/ Todas as coisas foram feitas por Ele; e sem Ele nada foi feito./ Neles estava a vida, e a vida era a luz dos homens,/ e a luz resplandece nas trevas, e as trevas não o receberam*[31].

No princípio, nos diz João, tudo era um caos, a escuridão prevalecia sobre a luz, mas existia alguém para organizar esse caos, e esse alguém era a sabedoria, e essa sabedoria está dentro de nós, tudo que queiramos fazer para introduzir a luz dentro de nosso *ser* depende unicamente de nós, quando conseguirmos derrubar as barreiras dos preconceitos, da ignorância, do medo, da matéria sobre o espírito, da teimosia, do desrespeito, do fanatismo; quando conseguirmos derrubar os muros que nos separam de uma realidade plausível em busca de uma verdade limpa e pura; quando conseguirmos enfrentar o caos que é a treva de nossa ignorância, começaremos a entender o significado da luz.

Vivemos numa sociedade normatizada por leis, para coibir o indivíduo afoito que foge dos ditames da sociedade onde se acha inserido, a este indivíduo o condenamos, o aprisionamos, mas ao mesmo tempo damos uma chance de reabilitação, ou seja, o fazemos reconhecer de sua conduta ignóbil, que por sua ação criou um mal-estar no meio social, dando-lhe uma nova chance para se reabilitar.

Vivemos num meio que nos dias de hoje está evoluindo de maneira assustadora, difícil de acompanhar.

Vivemos uma nova forma cultural onde nosso vizinho se encontra na tela quando acessamos a internet, onde nosso planeta está cada dia mais pisoteado, onde nossa Gaia, agora sabemos, é muito pequenina perante o universo. Mais e mais coisas poderíamos dizer dessa mudança no curto tempo de 50 anos? Em que o mundo se transformou?

Vivemos conceitos ultramodernos, com uma tecnologia inimaginável há alguns anos, misturados a uma vivência de um passado recente, que estamos custando desvencilhar, queremos o moderno, mas o saudosismo se acha presente. Ainda não entendemos o que acontece a nossa volta, questionando se é ou não moralmente aceito aquilo que ali se encontra e temos medo de enfrentar essa nova realidade.

Para esta mudança começamos a criar uma nova

maneira de ver esse mundo: incentivando a ecologia e com esta a biodiversidade; convivendo com alimentos transformados pela inteligência do homem em laboratórios de pesquisas; usando da genética manipulando e transformando a natureza. Para esta nova forma, a sociedade imporá um novo conceito de ética, mas isto é trabalho para os filósofos.

A mudança de paradigma leva a mudanças morais, o que era esporte ontem, assim como foram e estiveram muito em moda em décadas passadas. Os safáris na África, vendo aqueles indivíduos com suas potentes armas derrubar elefantes ou matando gorilas para usar os chifres de marfim como bolas de bilhar, ou como *souvenir* e fazer das patas dos gorilas cinzeiros para decorar uma mesa. Não condenávamos o que esses "atletas" faziam recentemente com suas armas assassinas, hoje em dia vemos como um ato de imoralidade, e agora os condenamos perante uma nova forma de legislação coercitiva.

Somos patrimônio inerente e inviolável da humanidade, somos os responsáveis por todo e qualquer ato que dependa de nós, somos portadores de uma inteligência que compreende o caos universal, somos seres dignos de reforma dentro de nosso cerne que, todavia, continua queimado pela intempérie da vida, continuamos a fazer parte deste pequeno planeta, a nossa Gaia, que navega dentro de um colossal universo incompreensível em eterna reforma; porque este cosmo está em constante mudança: estrelas novas explodindo e se formando, choques de galáxias, este nosso universo está em permanente caos, mas sempre se regenera, criando vidas melhores, aprendendo com o distúrbio, gerando novos conceitos, novos paradigmas.

Aprendamos com ele, aprendamos a conviver com esse caos perturbador, talvez não seja a realidade que queremos encontrar, mas continuemos à procura da verdade, essa sim vai ao encontro da felicidade.

Mais e mais formas estamos encontrando nesse caminhar que hoje se mostra como algo perturbador e ao mesmo tempo belo e, sobretudo, ambíguo. O telefone celular nos aproxima, mas ao mesmo tempo nos afasta, por estarmos longe, cada dia mais longe do outro. Apesar do avião, das autoestradas, preferimos usar nosso MSN, para nos comunicar e ficar sentado escrevendo frases alusivas a uma amizade que ocultamos, porque não conseguimos mostrar mais nosso sorriso, nossas expressões corporais, isto sim de importância, por sermos seres sociais, de aproximação física e não por um monitor de computador.

Ao mesmo tempo em que a ciência avança nos dizendo que existem mais dimensões e não apenas a largura, altura, a profundidade e o tempo; na medida em que Einstein nos diz que tempo não existe; na medida em que a ciência nos mostra que podemos alcançar o começo de tudo com imagens fotográficas alcançadas pelo telescópio Hubble, ou por outros meios, como as ondas de rádio nos dizendo que o universo ali está e nós fazemos parte dele.

Estamos num universo incompreensível para os mortais que apenas subsistem criando cada vez mais por intermédio do consumo, aquilo que pode chamar de felicidade, quando compra um carro novo ou uma TV de plasma, ocultando uma verdade transcendente de que a felicidade, todavia, possa ser momentânea, ela também tem que ser perene.

O eterno enigma: de onde viemos? Para onde vamos?

Continua a nos perturbar, queremos encontrar resposta, mal sabemos que a resposta está em nós.

Em vencer o medo de voltar atrás e rever nossa história, deixando que nossa mente vague com a razão, bloqueando emoções injustificadas, reconhecendo a verdade sem limite, sem temor, ter a grandeza da vontade de querer fazer e não apenas o desejo, o querer já é o primeiro passo para fazer. Nunca esquecendo que morremos dia a dia, que nossa passagem é apenas temporária.

Nós viemos do universo, somos parte desse cosmo imensurável, estamos compostos com os mesmos átomos das

O Olho de Deus
(Fotografia tirada pelo telescópio Hubble)
Figura 19

mais belas galáxias, aquela inclusive que chamam do "olho de Deus".

Voltaremos a ser átomo porque somos compostos de átomos, na desintegração que ocorre quando cessamos nossa função orgânica. Se religioso és, outras maneiras terás para entender melhor a existência após a morte. Há muitas variantes, mas todas elas implicam na transcendência do Ser, ora voltando ao Uno, ora fazendo parte de outros corpos por intermédio de nossa descomposição material, na inércia da morte. Em todas essas formas, somos singulares.

Temos mais medo da dor do que da morte, ambas interligadas, apenas a dor é presente, a morte é sono.

As respostas que tratamos de encontrar e continuam a causar pensamentos hostis, gerando perturbação em nossa consciência, muitas vezes as transferimos para outros, porque temos medo de enfrentar uma realidade tão presente quanto a vida, como é a morte e não entendendo essa perturbação caótica, a deixamos de lado sem nem tentar buscar uma resposta.

O sábio Hermes Trimegisto já dizia:

> *É certo que tudo está no todo assim que o todo está em todas as coisas. O que consegue compreender há adquirido o grão conhecimento.*

Hermes quer nos dizer que estamos incluídos nessa sopa primordial desde a mais longínqua galáxia que nossos olhos não conseguem enxergar, como também dos elementos tão pequenos que também não conseguimos ver e nem mensurar.

Estamos voltados para quantificar tudo o que

encontramos tratando de nos convencer que o valor estatístico é de suma importância, e o é, mas não esqueçamos que somos singulares e mesmo que o valor estatístico quando se refere a nós humanos nos mostre 99% de acerto, ainda sobra o 1% que pode ser cada um de nós, e esse cada um possui uma relevância fundametal, superior aos 99% encontrados.

O fato de estarmos nessa sopa primordial, não significa que sejamos todos iguais, somos todos iguais nos componentes que vão integrar o todo (átomos, aminoácidos, moléculas, órgãos), mas uma vez integrados somos diferentes. Nem todo automóvel que sai de uma produção em série é igual ao outro. Até o próprio clone, que podendo ser produzido com igualdade genética é igual ao seu genitor. Não esqueçamos que este novo ser tem sua história, por ter sido "confeccionado" em época diferente, climas diferentes, origem diferente, assexuado, no laboratório, esta é sua história, portanto, diferente.

Muitas vezes nos perguntamos: **por que está acontecendo isso comigo?** Não obtendo resposta, procuramos algo que nos dê tal resposta, e quando uma vez mais não a obtemos, apelamos para o transcendente. Nos esquivando de uma resposta racional, apelamos ao "assim Deus o quer", temos medo de enfrentar nossa realidade, o "efeito borboleta", evitando a pergunta: **o que foi que eu fiz para estar acontecendo**, e temos medo de remover nossas cinzas, onde tudo começou para obter a resposta do agora.

O Deus antropomórfico pelo qual alguns estão ligados, aquele que ressuscita após a morte, esse Deus, apesar de também usarmos intermediário para chegar até Ele, está mais preocupado com outras coisas, tem um universo inteiro para cuidar, são trilhões e trilhões de estrelas e não pode se preocupar com os pedidos, advindos de uma manifestação egoísta, pedindo concessões, alívio no sofrimento material sofrido, ou quem sabe da loteria que possa ganhar; esse indivíduo transmite a esse Deus uma responsabilidade que deveria ser apenas dele. Deus nada tem a ver com os problemas por este sofrido, causados muitas vezes pela ignorância, insensatez, a estes ainda não chegaram as palavras que se atribuem ao filósofo Sócrates quando nos diz: "*A verdadeira sabedoria consiste em se conhecer a própria ignorância*". Partindo deste princípio, podemos dizer a essas pessoas que peçam a esse Deus apenas **sabedoria**, porque tendo sabedoria, tendes a luz para seguir nessa escuridão, para reacender a luz apagada por cada um de nós.

O Deus dos deístas, daqueles que acreditam apenas em um ser, mas sem atributo moral, apenas criador, também está perto de nós. Esse Deus faz parte de uma racionalização, do não poder explicar na imaginação de nossa mente como um dogma por estar em transformação.

A física trata de explicar o universo onde estamos inseridos, sem medo da imensidão, somos diferentes quando nosso raciocínio está limitado ao agora, somos presas em jaulas onde nosso mundo se resume às paredes existentes que limitam também nosso pensamento, apenas vemos a luz e as sombras de uma janela, mas apenas as vemos, a deixamos estar sem nos perguntar o porquê existe; a este Descartes lhe diz o seguinte: "*Daria tudo o que sei em troca da metade do que ignoro*". O problema desse **nos dar** também está unicamente em nós.

Estamos arraigados em nossas ideias e conceitos, de ter medo de mudanças, porque é melhor o que conhecemos e já estamos adaptados a esses conceitos que temos como verdade, do que nos aventurar para conhecer mais verdades, com mudanças de paradigma, só que ao fazermos isto temos que mudar nossa realidade de como o mundo é em nossa volta, de quem somos e assim estamos bem, quando nos questionamos partimos ou tentamos partir para outra realidade com a perturbação do que antes conhecíamos e nos sentíamos bem do agora, do deixa estar com dúvidas para onde ir, muitas vezes caindo por um lado do muro na transcendência de uma divindade presente adotando um teísmo de melhor conforto, por podermos delegar e transferir responsabilidade ao sublime, ou cair em um ateísmo, quando a transcendência se questiona, ficando sem um Pai, em quem possamos colocar nossas dúvidas e nossas fraquezas.

Estamos em permanente caos, e quando o reconhecemos temos duas saídas: ignorá-lo ou aceitá-lo como fator de mudança.

O primeiro caminho nos leva a uma vida de passividade, apenas vivendo com nossos conceitos que aprendemos, e não temos ou não queremos mudar, somos como a planta que nasce, cresce, pode dar flores e frutos, para depois morrer.

Na segunda possibilidade não temos medo de mudanças, às vezes dolorosas, mas importantes para o crescimento do *ser*, sabemos e sentimos falta de alguma coisa. "A pior coisa de sentir falta de alguém é estar sentado a seu lado e saber que nunca o poderá ter", é o que nos diz Jean Baraud. Mas nem só de frases bonitas é composta nossa vida, essas frases são provenientes de pessoas que também têm suas angústias, sentem falta de alguma coisa; **sempre** a podemos obter, nossa inteligência está para nós como as asas estão para o condor, o olfato para o cachorro, o ultrassom para os morcegos. Não esqueçamos que as grandes baleias se alimentam de *krill* e se deixam acariciar, assim não nos assustemos com o que poderíamos chamar de "grandeza do problema", sem esquecer que o invisível e pequeno a olho nu mata mais (vírus, bactérias) do que qualquer predador que nossos olhos possam ver.

O caos tem sua ética, quando ele se manifesta o faz como fator de mudanças, sempre, seja ele catastrófico, decorrente de alguma coisa ter acontecido, para ele assim se manifestar, seja ele em nossos conceitos quando nos questionamos. Ao rejeitá-lo estamos com a passividade de apenas querer viver; quando o questionamos, nosso crescimento aflora.

Depende só de nós, qual caminho deveremos seguir.

APÊNDICE

MORAL E ÉTICA NO CONTEXTO DA MESMA REALIDADE

O que é Moral, o que é Ética. Há muitos séculos se defronta tais palavras com significados que se entrecruzam, para designar a mesma coisa, o "bem".

Ética vem do grego "ethos", ou *Ethos*. *Ethos* (com **E** maiúsculo): "modo de ser", "caráter", "costume, valores de uma cultura singular"; *ethos* (com **e** minúsculo) tem como significado "*habitat*", "moradia".

Moral, palavra latina "mores" que tem um significado de "costume".

Uma pessoa que não tem moral é pobre em virtudes, é um interesseiro, usa de maneira covarde os vulneráveis para alcançar um propósito. Mas esta pessoa pode ter Ética: ser solidário no meio em que atua, mas em sua maneira de agir é contraditório com os princípios que fundamentem o bom viver.

Contraditório, mas ser aceito. Contraditório do ponto de vista global, coerente na particularidade onde atua.

O presidiário cumpre pena por um ato considerado

contra as leis na sociedade onde se acha inserido. Ao mesmo tempo no encerramento prisional, este indivíduo deve estar ligado a "leis" não escritas dentro da prisão, que são obedecidas por presidiários, sendo estas "leis" repugnantes vistas por uma sociedade fora das grades da prisão, mas ao não ser obedecidas pelo prisioneiro podem significar vida ou morte.

O bem maior de um ser humano é preservar a vida, é tão sublime esta verdade que o primeiro instinto que todo ser vivo possui em comum é a preservação da vida. Portanto, um indivíduo que, descumprindo uma regra social, cometendo um ato amoral, sendo condenado por esta sociedade através de suas leis coercitivas, pode se tornar eticamente aceitável no novo meio onde passa a conviver para desta maneira poder preservar sua vida? Sim, valores morais permanecem dependendo da interpretação individual, fazendo-se eticamente aceitável na coletividade em que está inserido, onde atua.

Esta sociedade restrita é seu mundo. Uma vez fora deste mundo não mais as regras que antes obedecia são válidas no contexto social em que irá atuar estando fora da prisão. O conceito moral existente de encobrir e não denunciar: o tráfico de drogas, a corrupção dos carcerários, o assassinato de outro presidiário, etc., não mais se faz eticamente aceitável na sociedade padrão globalizada e mantida pela coerção da lei escrita, assim como é na prisão mantida pela coerção de "lei" não escrita que na maioria das vezes a falta em seu cumprimento é punida com a morte.

Desde Aristóteles até Kant, a Ética passa a ser uma questão particular, singular, não plural, até metafísica.

Quando as religiões faziam da Ética um conjunto de normas a serem obedecidas, traçando desta maneira a moralidade individual, sob pena de repressão, tal fato nos ensina que, quando o indivíduo é oprimido por ideias, a rebelião se faz presente, primeiro em cada um, depois em grupo, para mais tarde um líder surgir, que sintetiza a ideia do grupo e desta forma mudar a personalidade da história, assim como o presidiário reprimido entre quatro paredes deseja a liberdade e por esta permanentemente trabalha.

Estas mudanças nos ensinam a história, que foram realizadas a partir de contestações (anglicanismo, protestantismo, em se tratando de religião), que advieram contra a hegemonia da religião católica que era a que ditava as regras, do conviver e pensar.

Nos dias de hoje, não mais a religião assume a vanguarda da Ética, como maneira de enquadrar a humanidade dentro do perfil em que esta religião está imbuída nos dias de hoje, a religião passa a ter uma Ética particular, na coletividade na qual reúne a quem pensa de maneira semelhante, devendo ser observada por aqueles que estão em seus quadros associativos.

Buscamos uma Ética com abrangência global, por causa da biotecnologia que de uma maneira ou outra atinge a biodiversidade, onde todos estamos inseridos como seres pertencentes a um mesmo *status*, na questão vida.

A Bioética trata de dar uma resposta aos conflitos potenciais resultantes dessa nova maneira de ver a sociedade como um todo e não mais fazendo parte o *homo sapiens* como um ser isolado no universo.

Tudo está dentro de uma conceituação que há muitos

séculos os filósofos querem decifrar, com palavras e exemplos, mas se colocado de maneira objetiva e sem preâmbulo podemos dizer que tanto a Moral quanto a Ética nos dizem o caminho a ser seguido entre a dicotomia do "bom" ou do "mau".

Tudo aquilo que nos faz bem o faz também a nosso redor, é bom, tudo aquilo que traz distúrbio e faz mal dentro de um conjunto é mau, quando nossa consciência arbitra esses valores, a partir deste princípio entre o bom e o mau, é que podemos viajar através da Moral e da Ética, tratando de esclarecer de maneira simples muitas vezes significados filosóficos às vezes tão incompreensíveis para aqueles que ainda não descobriram o dicionário de um linguajar pouco acessível para quem não está dentro das formas e conceituações filosóficas.

Tanto a Ética quanto a Moral são adquiridas no transcurso de nossa história, não nascem com a pessoa, elas vão sendo polidas gradativamente dentro de nossa maneira de pensar para podermos agir. A Moral, portanto, a adquirimos para fazer parte de nossa maneira de ser, o mesmo pode-se dizer da Ética, pensamentos e ações que foram conquistadas pelo hábito.

Onde está a diferença quando falamos em Ética e Moral? Ela se encontra fundamentalmente em dois aspectos, a Moral é individual, a Ética é comunitária.

Quando inseridos em um grupo, qualquer que seja ele, econômico, político, religioso, artístico, profissional de classe, sexo, raça, e assim por diante, estamos estabelecendo um vínculo Ético para manter essa sociedade comunitária coesa, por ter padrões semelhantes: a Ética feminista é apenas delas;

a Ética da relação econômica com o mercado, é apenas dele; a Ética dos que compõem uma comunidade social de raça negra, é deles; podemos dizer também de uma Ética ecológica que atinge de maneira direta universalizada.

Para esses conjuntos trabalharem em harmonia são compostos por indivíduos que se identificam com a comunidade da qual estão ou irão fazer parte, observando normas (não coercitivas, isto faz parte do Direito), observando, atuando e defendendo aquilo a que se propõe essa comunidade, com o melhor que pode dar, para que esse grupo continue coeso.

O fato de, por exemplo, grupos raciais que se agrupam para defesa da raça negra, não quer dizer que apenas negros deverão fazer parte desse grupo, podem também os de raça branca, desde que todos comunguem com a ideia de grupo, dando um conjunto de comportamento para o "bem" da comunidade que seja eticamente aceitável, para o bem-estar dos indivíduos que a compõem. A pessoa moral é a parte unitária do conjunto.

A pessoa moral tem que praticar os valores (princípios aceitos dentro de um convívio social) das virtudes (disposição para praticar o bem), sem estes valores a pessoa moral não tem como ser uma pessoa moral. Johannes Hessen, 1980, nos diz:

> *Só conhecemos os homens quando conhecemos os critérios de valoração a que eles obedecem; é destes que dependem, em última análise, o seu caráter e o seu comportamento em face das situações da vida*[32].

Os valores, assim como as virtudes, mudam também com o tempo, conforme o contexto social em que vivemos.

Na Idade Média as virtudes primordiais eram as virtudes teológicas: fé, esperança, caridade. Na fé estava inserida o dogma, a aceitação da transcendência sem explicação, a pessoa que não acredita-se estava fora dos padrões sociais. Esperança ao ter paciência de que Deus mandou o que somos e continuar assim aceitando para alcançar a vida eterna. Caridade, toda pessoa tem que dar algo de si para o mais necessitado.

Se analisarmos essas virtudes, podemos contestá-las, nos dias de hoje, sem prejuízo de sermos descartados vilmente dentro de uma sociedade, mesmo esta sendo religiosa. Podemos dizer: não aceito o dogma por este ir contra meus princípios da razão; não aceito ser como sou, porque Deus assim o quer, tenho que progredir e ser mais dentro de nossa escala social, em busca de valores que me tragam satisfação; não aceito o dar pelo dar, acho que é prejudicial, quero sim ensinar a pescar por ter este indivíduo Esperança de seguir conquistando cada vez mais com o aprendizado, ou, já pago imposto suficiente para que os governantes façam essa responsabilidade social, quando nos referimos à Caridade.

Temos que estar inseridos no "bem", cultivando os valores morais em voga de nossa sociedade, dando dessa maneira um tijolo a mais para a construção do edifício Ético onde estamos inseridos, por ser uma interação com outras pessoas: como profissionais, como pessoa política, no contexto de uma religião que somos copartícipes, como sócio dentro de um clube recreativo, e principalmente no núcleo primordial, a família.

A Ética é teórica, nos convida a uma reflexão, merece

estudo; a Moral é comportamental, pessoal, prática. A Moral aparece desde que o homem tem consciência, inteligência, através da educação pelo exemplo ou repressiva que nossos pais nos transmitiram. A Ética como princípio de estudo teórico aparece com Sócrates (século VII a.C.).

Por sermos seres sociais devemos impor limite dentro de fronteiras, ou seja, até onde podemos ir eticamente sem invadir a fronteira de outrem, este é o maior cuidado que o homem moral tem que ter, no assim chamado "O respeito ao direito alheio é a paz" (Benito Juarez). Para isto o estudo constante e normas estabelecidas são na prática o convívio dentro daquilo que chamamos de "bem", é o que podemos dizer, é eticamente aceito, por serem as pessoas que a compõem, pessoas morais.

Pelo exposto podemos dizer que Ética e Moral se conjugam para a prática do "bem", seja este individual ou coletivo, no momento social em que nos achamos inseridos.

BIBLIOGRAFIA

1. HOLANDA, Aurélio B. de. *Dicionário Eletrônico Aurélio.*
2. ROUSSEAU J.J. *A Pedagogia do Emílio.* Tradução de Lourdes Santos Machado. Os Pensadores: Nova Cultural, 1977.
3. http://www.brasilescola.com/fisica/teoria-caos.htm. Acesso em: 2 jun. 2008.
4. http://pt.wikipedia.org/wiki/Fractais. Acesso em: 4 maio 2008.
5. CARVALHO, J. M. de. A Existência Humana. *Filosofia Ciência & Vida*, p. 34.
6. HEGEL. *Fenomenologia do Espírito.* Tradução de Henrique Cláudio de Lima Vaz e Antonio Pinto de Carvalho. Os Pensadores: Nova Cultural.
7. ENGELHARDT Jr., H. Tristram. *Fundamentos em Bioética.* Tradução de José A. Ceschin. Loyola.
8. GRANDE Barsa CD 5.0.
9. GLEISER M. *O Fim da Terra e do Céu.* O Apocalipse na Ciência e na Religião. Companhia das Letras, 2001, p. 305.
10. GOSWAMI, A. *O Universo Autoconsciente.* Como a consciência cria o mundo material. Tradução de Ruy Jungmann. Rosa dos Tempos, 1998.
11. HAWKING, S. & Mlodinow L. *Uma Nova História do Tempo.* Tradução de Vera de Paula Assis. Ediouro, 2005, p. 47.
12. GLEISER, M. *A Dança do Universo.* Companhia das Letras, 1997, p. 253.

13. HAWKING, S. & MLODINOW, L. *Uma Nova História do Tempo*. Tradução de Vera de Paula Assis. Ediouro, 2005, p. 93-94.

14. MACKAY, Charles. *Memorando de Extraordinários Engodos Populares e a Loucura das Multidões.*

15. OUSPENSKY, P. D. *Tertium Organum*. Keriel, 2007, p. 14.

16. KANT, I. *Crítica da Razão Pura*. Tradução de Valério Rhoden e Udo B. Moosburger. Os Pensadores: Nova Cultural, 1996, p. 81.

17. http//www.culturabrasil.org/zip/hamurabi. Acesso em: 30 jun. 2008.

18. HOBBES, T. *Leviatã*. Tradução de Alex Marins. Martin Claret, 2005, p. 204.

19. NIETZSCHE. *Os Pensadores*. Tradução de Rubens Rodrigues Torres Filho. Nova Cultural, 1996, p. 75.

20. BULFINCH, Thomas. História viva. **Mitologia**. Duetto.

21. ELÍADE, M. *O Sagrado e o Profano*. Tradução de Rogério Fernandes. Martins Fontes, 2001, p. 86.

22. ARON. R. *O Ópio dos Intelectuais*. Tradução de Yvone Jean. Universidade de Brasília, 1980, p. 39.

23. TOCQUEVILLE, A. *A Democracia na América*. Tradução de Eduardo Brandão. Martins Fontes, 2000.

24. HOBBES T. *Leviatã*. Tradução de Alex Marins. Martin Claret, 2005, p. 131.

25. LOCKE J. *Ensaio Acerca do Entendimento Humano*. Tradução de Anoar Eiex. Nova Cultural, 1999.

26. www.embaixada-americana.org.br. Acesso em: 8 nov. 2006.

27. *Ibiden acima.*

28. AGUSTÍN. *Confeciones, 225*. Tradução de Silvia Magnavacca. Buenos Aires: Losada.

29. WEBER, M. *A Ética Protestante e o Espírito do Capitalismo*. Tradução de Pietro Nassetti. Martin Claret, 2003, p. 127.

30. ENGELS, Marx. *Obras Escolhidas*. Tradução de José Barata-Moura San. Avante.

31. BÍBLIA. *Novo Testamento, João*, cap. I, vers. 1.

32. HESSEN J. *Filosofia dos Valores*. Tradução de L. Cabral de Moncada. 5. ed. Armánio Amado, p. 24.

Editora Maçônica
A TROLHA
Redação, Diagramação,
Composição, Revisão, Arte-Final.

Av. JK, 1.635 – Sala 2 – Fone: (43) **3337-1982**
Fax: (43) **3326-0915**
CEP 86020-000 – Londrina – Paraná

Home Page: http://www.atrolha.com.br
E-Mail: redacao@atrolha.com.br